Carina Tietz

Leben und Arbeiten in Dänemark

GD

Deutsche Bibliothek – CIP-Einheitsaufnahme

Carina Tietz
Leben und Arbeiten in Dänemark

Berlin: Gentlemen's Digest Ltd. & Co. KG, 2011
ISBN 978-3-941045-22-4

1. Auflage 2011

Herausgeber und Verlag: GD-Verlag | Gentlemen's Digest Ltd. & Co. KG
Auguststr. 75 | D-10117 Berlin
eMail: info@gdigest.com

Druck und Bindung: Sowa-Druck auf Wunsch
www.sowadruk.pl

www.gdigest.com | www.auswandern-infos.com | www.xinxii.com

INHALT

1. Kapitel:

ARBEITEN IN DÄNEMARK

1.1 Arbeitsmarkt allgemein

Dänemark wurde von der Wirtschaftskrise im Jahr 2008 hart getroffen. Ausländische Fachkräfte werden zwar immer noch gesucht, aber man zieht bei gleicher Qualifikation die dänischen Bewerber vor. Zudem muss man nach Berufsgruppen differenzieren – Ärzte, Pflegepersonal und Therapeuten werden noch immer mit Kusshand genommen, da hier der eigene Nachwuchs fehlt. Das gilt insbesondere für die ländlichen Gegenden in Mittel- und Nord-Jütland. Hier werden auch Arbeitskräfte im Bereich Altenpflege gesucht.

Schlechter sieht die Situation für Handwerker und Ingenieure aus. Viele kleinere Handwerksbetriebe mussten im Verlauf der Krise schließen. Einige Firmen haben sich in Form eines Handwerker-Büros oder eines Vermittlungsdienstes zusammengeschlossen. Sie bieten handwerkliche Dienstleistungen unter einem Dach an. Da wird ein Schmied zum Klempner oder ein Schreiner repariert Türschlösser. Dänische Handwerker gibt es genug. Ausländische Bewerber haben nur Chancen, wenn Sie auf bestimmte Bereiche spezialisiert sind und jahrelange Berufserfahrung mitbringen.

Die größten Verlierer der Krise sind Ingenieure. Noch vor einigen Jahren wurden deutsche Ingenieure regelrecht abgeworben. In Bussen karrte man sie über die dänische Grenze, um den fehlenden Bedarf zu decken. Diese Zeiten sind in Dänemark längst vorbei. Heute suchen selbst dänische Ingenieure verzweifelt nach einer Anstellung. Nur wer hochqualifiziert ist und jahrelange Berufserfahrung mitbringt, hat als deutscher Bewerber eine Chance. Generell wird in Dänemark großer Wert auf die Arbeitserfahrung gelegt. Dadurch haben auch ältere Bewerber bessere Karten.

Ungelernte Hilfskräfte haben auf dem dänischen Arbeitsmarkt kaum eine Chance. Zwar werden in der Viehproduktion immer noch Mitarbeiter gesucht, aber die dänischen Arbeitgeber greifen immer häufiger auf osteuropäische Arbeiter zurück. Die arbeiten in der Regel ohne festen Arbeitsvertrag und erhalten geringere Löhne.

Alles in allem hat Dänemark die Krise relativ gut überstanden. Die Arbeitslosenzahlen sind rückläufig und die dänische Regierung rechnet ab 2011 wieder mit einem hohen Wirtschaftswachstum. Hält der Trend an, dann werden in naher Zukunft auch wieder deutsche Bewerber Chancen auf dem dänischen Arbeitsmarkt haben.

Der dänische Arbeitsmarkt ist flexibel. Hier gilt das Prinzip des „Hire and Fire", welches in Dänemark auch unter dem Namen „Flexicurity-Modell" bekannt ist. Der Kündigungsschutz spielt hier nur eine untergeordnete Rolle. Auch die dänischen Arbeitnehmer sind äußerst flexibel. Es ist durchaus üblich, dass man aus beruflichen Gründen häufig umzieht. Auf dem Land sind Anfahrtswege zur Arbeitsstelle von mehr als 50 Kilometern durchaus üblich.

1.2 Arbeitserlaubnis

Bürger aus Ländern der EU dürfen ohne Genehmigung nach Dänemark einreisen und dort eine Arbeit aufnehmen. Wer sich allerdings länger als drei Monate in Dänemark aufhält, muss eine Aufenthaltsgenehmigung beantragen. Einzige Ausnahme ist die Arbeitssuche. Hier gilt: Wer sich in den ersten drei Monaten nachweislich auf Jobsuche befunden hat, darf bis zu sechs Monaten in Dänemark leben und arbeiten und muss sich erst dann um eine Aufenthaltsgenehmigung bemühen.

1.3 Löhne und Gehälter

Die Löhne und Gehälter sind im Allgemeinen höher als in Deutschland. Der dänische Nettoverdienst entspricht in etwa dem deutschen Bruttogehalt. In ländlichen Gegenden ist der Lohn natürlich geringer. In städtischen Gebieten, wie zum Beispiel in Kopenhagen oder Odense, liegen die Löhne deutlich höher. Unter www.ofir.dk findet man einen Gehaltsrechner.

Überstunden werden viel besser bezahlt als in Deutschland. Auch Nacht- und Wochenendarbeit wird beachtlich vergütet. Wer samstags und sonntags arbeitet, verdient genauso viele Kronen wie jemand, der von montags bis freitags arbeitet. Darüber hinaus bieten manche Unternehmen lukrative Zusatzleistungen an. Familien erhalten vergünstigte Angebote bei Veranstaltungen oder kostenlosen Eintritt in Parks, Schwimmbädern oder Fußballstadien. Zudem halten lokale Gewerbebetriebe und Geschäfte Sonderangebote bereit.

Mittelständige und große Betriebe verfügen meist über eine eigene Kantine. Die Mahlzeiten werden kostenlos oder gegen geringes Entgelt angeboten. Die Ausgaben für das Kantinenessen werden direkt vom Lohn abgezogen. Weiterbildungskurse und Fortbildungen werden voll- oder teilfinanziert. Günstige Zusatzversorgungen, wie zum Beispiel bei Rente oder Krankheit, bieten die meisten Arbeitgeber an.

1.4 Anerkennung von Abschlüssen, Diplomen, Titeln und Befähigungsnachweisen

In der Regel werden alle in Deutschland zulässigen Ausbildungs-, Schul- und Universitätsabschlüsse in Dänemark anerkannt, wenn sie einen ähnlichen oder besseren Verlauf haben. Bei Kursen, die bei Kammern oder privaten Institutionen abgelegt wurden – wie zum Beispiel ein Schweißer-Schein oder ein Gabelstapler-Führerschein – kann es hin und wieder zu Problemen kommen. In vielen Fällen verlangen die Arbeitgeber eine Nachschulung in Dänemark. Bei veralteten Befähigungsnachweisen, die länger als 10 Jahre zurückliegen, ist immer eine Nachschulung erforderlich. Ob ein Abschluss in Dänemark anerkannt wird, kann bei der Kultusministerkonferenz unter www.kmk.de erfragt werden.

1.5 Arbeitsalltag

Der dänische Arbeitsalltag unterscheidet sich ganz erheblich vom deutschen. Die Dänen arbeiten zwar sehr gewissenhaft, aber doch weniger verbissen als deutsche Arbeitnehmer. Wer nur ranklotzen will und um jeden Preis für seinen beruflichen Aufstieg kämpft, der sollte besser in Deutschland bleiben. Gemütlichkeit, Ruhe, Gelassenheit und Spaß an der Arbeit werden großgeschrieben. Arbeiten im Akkord ist die Seltenheit. Ist der Deutsche doch eher dafür bekannt, dass er vor Feiertagen noch schnell alles wegarbeitet, so lässt der Däne dagegen die Arbeit lieber bis nach den Tagen liegen.

Auch Weihnachtsfeiern sind selbstverständlich. Die fallen meist sehr üppig aus und der Däne neigt dazu, hier alle Hemmungen fallen zu lassen. Das ist für uns Deutsche nicht immer nachvollziehbar. Darüber hinaus veranstalten viele Firmen Sommerfeste. Ebenfalls sehr beliebt sind Betriebsfeste.

Die Arbeitszeiten in Dänemark sind flexibel. In vielen Unternehmen kann man seine Arbeitszeit frei wählen. Das muss natürlich in Absprache mit den Kollegen erfolgen. Erkrankt ein Familienmitglied, so ist es durchaus üblich, dass man von zu Hause aus arbeitet, wenn es vom Beruf her möglich ist. Die Pausenzeiten sind meistens fest geregelt. Viele Firmen stehen dieser Regelung jedoch offen gegenüber. Es ist problemlos möglich, in der Mittagspause zu arbeiten und dafür dann früher nach Hause zu gehen.

In Dänemark sind auch viele Frauen und Mütter berufstätig. Das ist dank der ausgezeichneten Kinderbetreuung auch problemlos umzusetzen. Sollte es trotzdem zu Engpässen bei der Betreuung kommen, so zeigen sich Chefs entgegenkommend. Frauen können durchaus an vier Tagen länger als gewöhnlich arbeiten und als Gegenleistung einen ganzen Tag frei nehmen.

Kleine Unternehmen legen viel Wert auf eine gute Kollegialität. Deshalb wird mindestens einmal in der Woche gemeinsam gefrühstückt oder Kuchen gegessen. In den Handwerksbetrieben trifft man sich freitagmittags zum „Feierabend-Bier". Der Alkoholkonsum ist im Laufe der Jahre allerdings zu einem ernsthaften Problem geworden und immer mehr Firmen haben drastische Auflagen entwickelt. Der Großteil der Firmen spricht fristlose Kündigungen aus, wenn es zum Alkoholverzehr am Arbeitsplatz oder in Firmenräumen gekommen ist. Die einzige Ausnahme bilden Handwerksbetriebe. Hier ist der Verzehr von Bier oft noch immer eine Selbstverständlichkeit. Viele drücken auch bei Überstunden gerne ein Auge zu, weil das Bier die Mitarbeiter angeblich „beflügelt" und somit die Arbeitslust steigert. Viele Unternehmen erlauben an Freitagen den Verzehr von maximal einer Flasche Bier – allerdings nicht am Arbeitsplatz, sondern in der Kantine oder in extra dafür vorgesehenen Räumen.

Typische Hierarchien gibt es in Dänemark nicht. Das liegt wahrscheinlich daran, dass sich alle Menschen duzen. Die Arbeitsatmosphäre ist eben lockerer, wenn man den Chef beim Vornamen anspricht. Egal, wie klein und unbedeutend der Job auch ist: In Dänemark gilt, dass jeder Arbeitnehmer wichtig ist für das Unternehmen. Hier würde sich ein ranghoher Büroangestellter niemals erlauben, von oben auf die Putzfrau herabzusehen. Ganz im Gegenteil: Er bedankt sich bei ihr für das immer saubere Büro. Wer in Dänemark beruflich erfolgreich sein will, der darf nicht borniert und arrogant sein. Das kommt im Land der Wikinger nicht gut an!

Der Däne identifiziert sich gerne mit seiner Arbeitsstelle und mit seinem Arbeitgeber. Das sieht der Chef natürlich auch gerne und bietet hin und wieder kleine Geschenke an, die mit dem Firmenlogo verziert sind.

Rauchen am Arbeitsplatz stellt kein großes Problem dar. Meistens ist zwar das Rauchen verboten, aber Rauchpausen sind selbstverständlich. Oft stehen separate und beheizte Raucherräume zur Verfügung.

1.6 Arbeitskleidung

Es ist üblich, dass der Arbeitgeber die Arbeitskleidung stellt. Dabei handelt es sich meist um hochwertige Kleidung. Der Däne ist sehr eigen und will für seine Mitarbeiter nur das Beste. Zudem liebt es der Däne, sich mit seinem Arbeitsplatz und seinem Arbeitgeber zu identifizieren. Er ist sogar etwas stolz darauf und präsentiert sich auch gerne in der Freizeit in Arbeitskleidung. Das haben die Arbeitgeber erkannt und sehen ihre Mitarbeiter auch als eine Art Werbeträger an. Die Kleidung dient somit auch als Aushängeschild für die Firma. Die Qualität der Kleidung ist sehr wichtig und natürlich muss das Firmenlogo groß und sichtbar auf der Kleidung zu erkennen sein.

1.7 Arbeitsrecht

Das dänische Arbeitsrecht kennzeichnet sich dadurch, dass nur ganz wenige Bestimmungen durch das Recht geregelt sind. Es gibt zum Beispiel keine geregelte Arbeitszeit. Arbeitsverträge werden nur ausgestellt, wenn die wöchentliche Arbeitszeit mehr als 8 Stunden beträgt. Der Arbeitsvertrag beinhaltet im Wesentlichen das Gleiche wie der deutsche Vertrag, d. h., es werden Angaben gemacht zur Einstellungsbezeichnung, Beginn des Arbeitsverhältnisses, Gehalt, Rentenversicherung, Zahlungstermine usw. Gesetzlich geregelt ist auch die Gleichstellung. Ohne Rücksicht auf Rasse, Geschlecht, politisches Denken, nationale Herkunft oder Hautfarbe besteht Chancengleichheit. Der Arbeitsschutz findet große Beachtung – er verlangt höchstmöglichen Schutz für den Arbeiter.

1.8 Urlaubstage

Die Urlaubsregelung in Dänemark ist anders als in Deutschland. Urlaubsanspruch haben nur Arbeitnehmer, die ein Jahr lang in Dänemark gearbeitet haben. Diese Regelung gilt nur für bezahlten Urlaub. Unbezahlter Urlaub kann jederzeit in Absprache mit dem Arbeitgeber genommen werden. In einigen Fällen übernimmt die A-Kasse (Arbeitslosenversicherung) die Kosten für den Urlaub. Hierfür darf man aber keinerlei andere finanzielle Unterstützung erhalten. Auskunft erteilt die zuständige A-Kasse.

Arbeiter erhalten die sogenannte „feriepenge“. Dieses Feriengeld wird vierteljährlich vom Bruttolohn (ca. 12 %) an eine Ferienstiftung überwiesen. Man erhält im Mai eine „feriekontokort“, die dazu berechtigt, das eingezahlte Geld zu erhalten. Gegen Vorlage der Karte und der Urlaubsbescheinigung (muss vom Arbeitgeber ausgestellt sein) erhält man bei der Post das Feriengeld. Einige Kommunen übernehmen für Arbeiter im ersten Arbeitsjahr die „feriepenge“. Die Anzahl der bezahlten Tage ist aber begrenzt. Auskunft darüber erteilt das Sozialamt der örtlichen Kommune.

Alle Funktionäre (Angestellte) erhalten Lohnfortzahlung und oftmals sogar einen Urlaubsbonus. Nach einem Jahr hat man Anspruch auf 25 Urlaubstage. Viele Arbeitgeber gewähren noch weitere fünf Tage Sonderurlaub. Normalerweise wird der größte Teil des Urlaubes in den hellen Nächten, also von Mai bis September, genommen. Einige Arbeitgeber schreiben den Urlaub in dieser Zeit sogar vertraglich vor. Erkundigen Sie sich rechtzeitig bei Ihren Kollegen oder beim Arbeitgeber!

2. Kapitel:

JOBSUCHE UND BEWERBUNG

2.1 Jobsuche

Wer gute Kontakte nach Dänemark hat, der sollte diese unbedingt nutzen. Die meisten Jobs werden immer noch über gute Beziehungen vermittelt. Idealerweise kennen Sie schon einen Deutschen, der in Dänemark lebt. Er sollte für Sie werben und seine Beziehungen zu dänischen Firmen für Sie aktivieren. Ist das nicht der Fall, dann gibt es noch weitere Möglichkeiten. Am einfachsten ist die Jobsuche mit Hilfe der Online-Jobbörsen. Haben Sie den passenden Job gefunden, dann können Sie sich einfach und bequem per E-Mail bewerben. Beachten Sie, dass für fast alle Jobangebote eine Bewerbungsfrist, genannt „Ansøgningsfrist", gilt.

2.2 Jobbörsen und Online-Jobsuche

- www.monster.de
  Hier kann man speziell nach Jobs in Dänemark suchen.
- www.monster.dk
  Ist die dänische Variante, die eine Menge Infos bietet. Wer schon etwas Dänisch beherrscht, kann hier seinen eigenen Lebenslauf einstellen.
- www.jobnet.dk
  Die beliebteste dänische Jobbörse. Sie wird durch die Jobcenter (vergleichbar mit der Bundesagentur für Arbeit) verwaltet. Es kann regional, über die Suchwortfunktion oder über die Branchen gesucht werden. Hier findet man auch Nebenjobs, Praktika und Jobs, die zum Teil vom Staat oder vom Jobcenter finanziert werden. Wer keine Ausbildung besitzt ist, ist bei jobnet.dk genau richtig. Hier findet man die sogenannten „Hotjobs". Diese sind mit einer roten Peperoni gekennzeichnet. Für diese Jobs benötigt man keinerlei Vorkenntnisse.

- www.workimport.dk
  Spezialisiert auf ausländische Bewerber. Die meisten Stellenangebote sind in englischer Sprache. Hin und wieder findet man auch Anzeigen, die in Deutsch verfasst sind.
- www.it-jobbank.dk und www.it-jobworld.dk
  Hier gibt es Stellenangebote für die IT-Branche.
- www.advojob.dk
  Hier findet man Stellenanzeigen für Rechtsanwälte, Steuerberater usw.
- www.jobfinder.dk
  Wendet sich in erster Linie an Ingenieure, bietet aber auch allgemeine Jobangebote.
- www.stellenanzeigen.de
  Hier finden sich offene Stellen deutscher Firmen, die in Dänemark angesiedelt sind.
- www.get2work.dk
  Eine relativ neue Seite, die Jobangebote aus allen Bereichen anbietet.
- www.job-support.dk
  Auch diese Börse bietet Jobs aus allen Bereichen an. Wer sich hier umsieht, sollte schon etwas Dänisch beherrschen.
- www.stepstone.dk
  Das dänische Pedant zu der deutschen Online-Jobbörse StepStone.de.
- www.jobindex.dk
  Eine der größten dänischen Jobbörsen. Man kann sich kostenlos per E-Mail benachrichtigen lassen, falls ein passendes Jobangebot eingestellt wird.
- www.jobonline.dk
  Relativ kleine Jobbörse mit verschiedenen Suchmöglichkeiten.
- www.ofir.dk
  Hier werden alle in Dänemark existierenden Jobangebote zusammengefasst. Sehr gute und empfehlenswerte Seite mit vielen Funktionen.

Benutzer sollten in jedem Fall über die Grundkenntnisse der dänischen Sprache verfügen.

- www.arbeitsagentur.de
  Manchmal bietet auch die deutsche Arbeitsagentur Stellen in Dänemark an. Allerdings sind nicht alle Angebote seriös. Oftmals verstecken sich hinter den Angeboten private Arbeitsvermittler. Bewerber müssen zunächst Geld überweisen, bevor der Vermittler tätig wird. Zudem sind die Vermittlungsgebühren enorm hoch. Hier sollte man wachsam sein.
- www.job-i-staten.dk
  Diese Jobbörse bietet Jobs innerhalb von dänischen Kommunen, Universitäten, Schulen und anderen staatlichen Institutionen an.
- www.zeitungen.de
  Hier finden Sie alle in Dänemark existierenden Tageszeitungen. Sie veröffentlichen meistens samstags Stellenanzeigen. Diese können zum Teil auch online eingesehen werden. Ansonsten können Sie die dänischen Zeitungen an größeren deutschen Flughäfen und Bahnhöfen erwerben. Auch in deutschen Zeitungen, beispielsweise „Die Zeit", „Die Welt" und „Die FAZ", kann man einen ausländischen Stellenmarkt finden, der hin und wieder auch Angebote aus Dänemark enthält.
- www.annonce-bladet.dk
  Ein Anzeigenblatt, das in verschiedenen Kommunen erscheint. Es wird einmal pro Woche (in der Regel am Dienstag) mit der Post zugestellt. Alle Anzeigen können auch online eingesehen werden.
- www.metroxpress.dk
  Eine der großen kostenlosen Tageszeitungen. Diese liegen in öffentlichen Gebäuden, großen Supermärkten, Rastplätzen und anderen frequentierten Orten aus. Oft erhält man die Zeitungen auch aus speziellen Boxen, die am Straßenrand und an Bushaltestellen aufgestellt sind.

2.3 Job-Center, Arbeitsvermittlungsbüros und private Arbeitsvermittler

Jede Kommune verfügt über ein Job-Center. Das dänische Job-Center ist mit dem deutschen Arbeitsamt vergleichbar. Hier werden über Aushänge alle lokalen Stellenangebote gelistet. In vielen Job-Centern stehen Computer zur Verfügung, mit deren Hilfe man auch überregional auf Jobsuche gehen kann. Sollten Sie bereits in Dänemark leben, stehen Ihnen die Mitarbeiter mit Rat und Tat zur Seite. Auf der Seite www.jobnet.dk finden Sie Links zu vielen lokalen Job-Centern. Auch die Websites der Kommunen enthalten entsprechende Links.

In Dänemark gibt es zahlreiche Arbeitsvermittlungsbüros, die landesweit angesiedelt sind. In der Regel werden die Arbeitsvermittlungsbüros für alle Berufsgruppen tätig. Es gibt aber auch Büros, die auf einzelne Berufsgruppen spezialisiert sind. Das kann zum Beispiel der Bereich Gesundheit oder Technik sein. Die Büros arbeiten sehr eng mit den Personalabteilungen zusammen und verfügen dadurch über gute Kontakte. Ein Besuch in einem Arbeitsvermittlungsbüro ist daher immer lohnenswert. Sie können auch vorab Ihre Unterlagen per E-Mail zuschicken. Je nach Bedarf werden Sie direkt zum Gespräch eingeladen oder die Vermittler interviewen Sie per Telefon. Nach dem Gespräch erstellen die Vermittler eine Bewerbungsmappe und legen diese potenziellen Arbeitgebern vor. Besteht Interesse, so werden Sie umgehend zu einem Vorstellungsgespräch eingeladen. Die Vermittlung ist für Bewerber kostenlos. Die größten Vermittlungsbüros sind www.manpower.dk und www.tempteam.dk. Weitere Büros finden Sie unter www.jobnet.dk.

Private Arbeitsvermittler gibt es in Dänemark nicht. Allerdings bieten viele deutsche Vermittler Ihre Dienstleistungen für Dänemark an. Leider sind nur die wenigsten Vermittler seriös. Die Leistungen werden nur gegen ein hohes Entgelt angeboten. Eine wirkliche Vermittlung kommt nur selten zustande. Die Geschäftsideen der Vermittler kennen keine Grenzen. Lassen Sie die Finger davon, wenn man Ihnen teure Sprachkurse andrehen will oder Ihnen zusätzliche Auswanderungsberatung anbietet.

2.4 Jobmessen

Besuchen Sie eine Jobmesse und knüpfen Sie hier Kontakte zu dänischen Firmen! Selbst wenn für Sie nicht der richtige Job dabei ist – der Besuch ist immer lohnenswert. Dänische Personalchefs haben gute Kontakte zu Kollegen. Gerne werden Ihre Bewerbungsunterlagen weitergereicht. Nehmen Sie also genügend Kopien mit. Die Jobmessen finden in der Regel in Dänemark, Berlin oder in Norddeutschland statt und werden im Internet angekündigt. Nähere Informationen finden Sie unter:

- www.arbeitsagentur.de
- www.ambberlin.um.dk
- www.jobnet.dk

Die Abläufe der Jobmessen sind verschieden. Meist ist der Personalchef mit einigen Mitarbeitern anwesend. Die offenen Stellen werden entweder offiziell ausgeschrieben oder man kann ein Bewerbungsformular ausfüllen. Dieses Formular ist in dänischer Sprache verfasst. Nur wenige Firmen halten Bewerbungsvordrucke in englischer oder deutscher Sprache bereit. Daher ist es ratsam, sich zuvor mit den berufsrelevanten Vokabeln vertraut zu machen.

Findet die Messe in einem größeren Messecenter statt, so stehen oftmals auch Hostessen bereit. Diese führen Sie auf Wunsch durch die Halle und stehen auch als Übersetzer zur Verfügung.

Jobmessen bieten eine wirkliche Chance. Daher sollten Sie auf alles gefasst sein! Oft genug erhalten geeignete Bewerber direkt auf der Messe einen Arbeitsvertrag.

2.5 Bewerbung

Genauso flexibel wie der dänische Arbeitsmarkt ist auch die Gestaltung einer Bewerbung. Es gibt keine empfehlenswerte Vorlage für eine Bewerbung. Jede Bewerbung sollte sich individuell dem jeweiligen Jobangebot anpassen. In jedem Fall sollte der Leser erkennen, dass Ihre Absichten, nach Dänemark auszuwandern, ernst gemeint sind. Teilen Sie dem Personalchef ruhig mit, warum Sie unbedingt in Dänemark leben und arbeiten möchten. Auch private Dinge sollten Sie in Ihrem Bewerbungsschreiben erwähnen. Sofern Sie gemeinsam mit Ihrer Familie auswandern wollen, schreiben Sie zusätzlich, wie alt Ihre Kinder sind oder was Ihre Partnerin bzw. Ihr Partner beruflich macht.

In welcher Sprache Sie Ihre Bewerbung schreiben, hängt natürlich von Ihren Kenntnissen ab. Selbst wenn die Anzeige in dänischer Sprache verfasst ist, müssen Sie nicht unbedingt ein dänisches Bewerbungsschreiben verfassen. Sie können alternativ auch in englischer oder in deutscher Sprache schreiben. In Dänemark sprechen die meisten Menschen fließend Englisch. Auch Deutsch ist weit verbreitet. Wichtig ist, dass Sie Ihre dänischen Sprachkenntnisse, falls vorhanden, mit einfließen lassen. Selbst wenn es sich dabei nur um einen Satz handelt. Er gehört in die Bewerbung. Dänische Personalchefs honorieren das.

Achten Sie darauf, dass das Anschreiben nicht länger als eine Seite ist. Sollten Sie noch in Deutschland wohnen, dann signalisieren Sie, dass Sie gerne zum persönlichen Gespräch erscheinen möchten. Haben Sie bereits einen festen Reisetermin ins Auge gefasst, dann erwähnen Sie, dass Sie in dieser Zeit in Dänemark sind und gerne bezüglich eines unverbindlichen Gespräches vorbeikommen möchten.

Es versteht sich von selbst, dass Ihre Bewerbungsunterlagen sauber und komplett sein sollten. Ob Sie Ihre Zeugnisse Ihrer Bewerbung beilegen, bleibt Ihnen selbst überlassen – es sei denn, es wird in der Stellenanzeige ausdrücklich darum gebeten.

Viele Unternehmen bestätigen den Eingang Ihrer Bewerbung per Post oder per E-Mail. In Dänemark gelten Bewerbungsfristen (ansøgningsfristen), die im Normalfall auch eingehalten werden. Ist der Bewerber allerdings außergewöhnlich hoch qualifiziert oder passt das Bewerberprofil zu 100 %, so werden diese Fristen auch gerne mal außer Acht gelassen. Sollten Sie also noch vor Ende der Bewerbungsfrist zu einem

Gespräch eingeladen werden, dann könnten Ihre Chancen besonders gut stehen.

2.6 Lebenslauf

In Dänemark wird ein großes Augenmerk auf den Lebenslauf gelegt. Sorgen Sie also dafür, dass Ihr Lebenslauf lückenlos ist. Machen Sie bloß keine falschen Angaben, denn das könnte später auffliegen und würde zu einer fristlosen Kündigung führen. In den Lebenslauf gehören neben der Adresse alle Angaben zu Ihrer schulischen und beruflichen Bildung. Auch Sprachkenntnisse, besondere Kenntnisse und Angaben zur Familie, sind üblich.

Zählen Sie vergangene Arbeitsstellen auf und geben Sie auch die Adressen mit an. In Dänemark ist es ganz normal, dass man sich bei Ihren alten Arbeitgebern nach Ihnen erkundigt. Nennen Sie deshalb auch die Ansprechpartner möglichst namentlich und mit Telefonnummer oder E-Mail-Adresse. Der Lebenslauf sollte möglichst in englischer oder in dänischer Sprache verfasst sein.

2.7 Unaufgeforderte Bewerbungen

Viele dänische Unternehmen schreiben Ihre offenen Stellen nicht aus. Sie setzen auf Bewerber, die sich ganz spontan und unaufgefordert bewerben, da diese als sehr zuverlässig und ehrgeizig gelten. Daher könnte eine unaufgeforderte Bewerbung durchaus zum Erfolg führen. Unter www.krak.dk können Sie nach passenden Firmen und Branchen suchen. Auf der Website der Firmen finden Sie einen Hinweis darüber, ob unaufgeforderte Bewerbungen willkommen sind.

Folgende Firmen akzeptieren unaufgeforderte Bewerbungen (Stand März 2010):

- www.lidl.dk
- www.ecco.com
- www.danfoss.com
- www.vestas.com
- www.issworld.com
- www.bang-olufsen.com
- www.royalgreenland.dk
- www.faxe.com
- www.aldi.dk
- www.danishcrown.dk
- www.tulip.dk
- www.dong.dk
- www.man.dk

Sollte man Ihnen im Moment keine passende Stelle anbieten können, so werden Ihre Unterlagen in jedem Fall in die firmeneigene Datenbank aufgenommen.

2.8 Vorstellungsgespräch

Früher oder später werden Sie von einem dänischen Unternehmen zum Vorstellungsgespräch eingeladen. Auch in Sachen Vorstellungsgespräch ist Dänemark sehr flexibel. Selbst ausgebildete Arbeitsberater haben dafür kein Patentrezept parat. Jedes Vorstellungsgespräch läuft anders ab. Es gibt keine wirklichen Regeln. Wichtig ist, dass Sie pünktlich erscheinen. Sollten Sie direkt aus Deutschland anreisen, dann kalkulieren Sie Staus oder Flugverspätungen mit ein. Kommt es trotzdem zur Verzögerung, dann sollten Sie rechtzeitig im Personalbüro anrufen und Ihre Verspätung mitteilen.

In Dänemark werden Vorstellungsgespräche nicht alleine vom Personalchef geführt. Abteilungsleiter, spätere Vorgesetzte und sogar Kollegen sind oftmals mit anwesend. Nicht selten entscheiden sie danach gemeinsam, ob der Bewerber eingestellt wird oder nicht.

Natürlich steht die berufliche Vorbildung im Vordergrund, aber der neue Mitarbeiter sollte auch vom Charakter her zu den neuen Kollegen passen. Wird im Unternehmen der Teamgeist großgeschrieben, dann wird man einen Einzelgänger – egal, wie hoch er auch qualifiziert ist – nicht einstellen. Größere Unternehmen verlangen oftmals einen psychologischen Test. Dieser Test liegt in mehreren Sprachen vor und wird im Multiple-Choice-Verfahren durchgeführt. Er findet vor oder während des Vorstellungsgespräches statt und beinhaltet allgemeine Fragen zum Arbeitsverhalten, zu Charaktereigenschaften und zum Umgang mit Kollegen. Wie und wann der Test ausgewertet wird, hängt von der Arbeitsweise des Unternehmens ab. Manche legen so viel Wert auf den Test, dass Sie eine Einstellung davon abhängig machen. Andere Firmen lassen den Test zwar durchführen, aber schenken der Auswertung nur eine geringe Beachtung.

Die Wahl der richtigen Kleidung zum Vorstellungsgespräch kann schwierig werden. Allgemein legt der Däne auf den Dress-Code weniger Wert als der Deutsche. Selbst dänische Arbeitsberater haben bei der Kleiderauswahl zum Vorstellungsgespräch kein Patentrezept parat. Sie raten dazu, auf der Firmen-Homepage nachzusehen, wie die Mitarbeiter gekleidet sind, und sich dann daran zu orientieren. Findet man dort keine Anregung, dann sollte man telefonisch beim Empfang oder bei der Sekretärin nachfragen. Führt auch das nicht zum gewünschten Erfolg, dann sollte man am Tag des Gespräches die Mitarbeiter unter die Lupe nehmen. Halten Sie auf dem Firmenparkplatz Ausschau oder werfen Sie einen Blick durch die Scheiben. Ein Hemd oder eine Krawatte ist schnell an- oder ausgezogen.

2.9 Selbstständige oder Freiberufler

Der Schritt in die Selbstständigkeit ist unkompliziert. Jeder Bürger der EU kann eine Firma in Dänemark gründen und betreiben. Die Selbstständigkeit muss vor Aufnahme des Betriebes beim örtlichen Gewerbeamt (Erhervs- og selskabsstyrelsen) angemeldet werden.

Ferner muss man sich beim Skat-Center registrieren, da die Mehrwertsteuer abgeführt werden muss. Folgende Unterlagen sind bei der Skat-Behörde vorzulegen:

- Wirtschaftplan für das erste Jahr (muss von einer autorisierten Person erstellt werden),
- Mietvertrag oder Kaufvertrag der Gewerberäume,
- eventuell Handelsregistereintrag,
- Legitimation mit Bild (Pass oder Führerschein).

Wer Mitarbeiter einstellen will, muss sich an die Arbeitsklima-Vorschriften halten. Diese Vorschriften sind umfangreich. Weitere Infos findet man auf der Website der „Arbeitsklima-Behörde" (Arbejdstilsynet) unter www.at.dk. Die Gründung eines Handwerksbetriebes ist in Dänemark nicht an den Meisterbrief gebunden.

3. Kapitel:

EINREISE UND DIPLOMATISCHES

3.1 Einreisebestimmungen

Für EU-Bürger ist die Einreise nach Dänemark unproblematisch. Für einen Aufenthalt bis zu drei Monaten besteht keine Visapflicht. Man benötigt nur einen gültigen Ausweis. Wer nachweislich zur Jobsuche nach Dänemark reist, kann sich bis zu sechs Monaten ohne Visa aufhalten.

3.2 Aufenthaltsgenehmigung

Auswanderer nach Dänemark benötigen eine Aufenthaltserlaubnis („opholdsbevis"). Diese ist beim lokalen Staatsamt erhältlich. Die Zuständigkeit des jeweiligen Staatsamts ist abhängig vom Wohnort. In der Regel befindet sich im Umkreis von maximal 100 Kilometern solch ein Amt. Anrecht auf eine Aufenthaltsgenehmigung haben alle Bürger, die nachweislich eine Arbeit in Dänemark haben oder in absehbarer Zeit eine Arbeit antreten werden, die selbstständig sind oder beabsichtigen, ein Unternehmen in Dänemark zu gründen. Auch alle Pensionäre und Rentner, die über ein bestimmtes monatliches Einkommen verfügen, können sich ohne Einschränkung dauerhaft in Dänemark aufhalten. Allerdings muss dieses Einkommen höher sein als der geltende Sozialhilfesatz. Ehepartner, Lebensgefährten und Kinder von Einwanderern erhalten ebenfalls eine Genehmigung. Wenn die Kinder über 21 Jahre alt sind, müssen die Eltern die Kinder finanziell unterhalten können, sofern diese nicht über ein eigenes Einkommen verfügen. Um eine Aufenthaltsgenehmigung zu beantragen, benötigt man:

- gültigen Personalausweis oder Reisepass,
- Heiratsurkunde,
- Geburtsurkunde der Kinder,
- Arbeitsvertrag oder den Nachweis, dass man in Dänemark arbeitet,
- Passbilder.

In der Regel wird die Aufenthaltsgenehmigung an die dänische Adresse oder – in Ausnahmefällen – auch an den Arbeitgeber geschickt. Welches Amt zuständig ist, erfährt man bei der örtlichen Kommune oder im Job-Center.

3.3 Folkeregister und CPR-Nummer

Sobald man die Aufenthaltsgenehmigung erhalten hat, benötigt man eine CPR-Nummer. Die CPR-Nummer erhält man bei der örtlichen Kommune. Neu-Dänen sollten sich umgehend um den Erhalt dieser Nummer kümmern, denn ohne eine eigene CPR-Nummer geht in Dänemark gar nichts. Sie benötigen die Nummer beispielsweise bei allen steuer- und arbeitstechnischen Vorgängen, für die Einrichtung eines Bankkontos oder den Kauf einer Immobilie.

Die CPR-Nummer bleibt ein Leben lang. Das bedeutet, dass die Nummer auch für Rückwanderer nach Deutschland weiterhin Bestand hat. Reisen Sie erneut in Dänemark ein, erhalten Sie also die gleiche Nummer!

Wenden Sie sich in Sachen CPR-Nummer immer direkt ans Bürgerbüro der zuständigen Kommune. Mit dem Erhalt einer CPR-Nummer erfolgt der Eintrag ins Folkeregister und Sie sind dadurch automatisch krankenversichert. Für den Erhalt der CPR-Nummer (Centrale Personregister Nummer) benötigen Sie folgende Dokumente:

- gültigen Personalausweis oder Reisepass,
- Nachweis über den Wohnsitz (Miet- oder Kaufvertrag),
- Arbeitsvertrag,
- Aufenthaltsgenehmigung.

3.4 Diplomatische Vertretungen

- **Botschaft der Bundesrepublik Deutschland**
  Dr. Gerhard Nourney, außerordentlicher und bevollmächtigter Botschafter
  Stockholmsgade 57, 2100 København
  Tel.: (0045) 35 45 99 00
  Fax: (0045) 35 26 71 05
  Postadresse:
  Forbundsrepublikken Tysklands ambassade, Postboks 2712,
  2100 København Ø, Danmark.
  E-Mail: tyskeamba@email.dk
  Website: www.kopenhagen.diplo.de
  Behördensprachen: Dänisch, Englisch, Deutsch
- **Königlich Dänische Botschaft**
  Rauchstr. 1
  10787 Berlin
  Tel.: 0049-(0)30-50502000
  Fax: 0049-(0)30-50502050
  E-Mail: beramb@um.dk
  Website: www.ambberlin.um.dk

3.5 Personalausweis, Reisepass, Kinderausweis

Es empfiehlt sich, noch vor der Abreise nach Dänemark seine Ausweispapiere zu kontrollieren. Verliert der Ausweis in absehbarer Zeit seine Gültigkeit, so sollte man noch in Deutschland einen neuen Ausweis beantragen. Die Ausstellung in Dänemark ist teurer und komplizierter. Sie kann nur bei der deutschen Botschaft www.kopenhagen.diplo.de oder bei den zuständigen Generalkonsulaten erfolgen. Deutsche Staatsbürger in Jütland können den neuen Ausweis auch alternativ bei den Behörden in Flensburg http://www.flensburg.de/oder bei der Stadtverwaltung Niebüll http://web.niebuell.de beantragen. Für die Ausstellung des Ausweises sind folgende Unterlagen notwendig:

- Dänische Aufenthaltserlaubnis und Auszug aus dem dänischen Melderegister als Nachweis über Ihr Aufenthaltsrecht in Dänemark.
- Unterschriftenprobe.
- Alter Reisepass bzw. Personalausweis oder, falls der Pass nicht mehr vorhanden ist, einen entsprechenden Nachweis über den Verbleib, wie zum Beispiel polizeiliche Verlustanzeige für den alten Pass im Original.
- Geburtsurkunde.
- Falls der Geburtsort nicht mit der Eintragung in der Geburtsurkunde übereinstimmt, ist ein entsprechender Nachweis des Krankenhauses nötig.
- Bei der Beantragung von Kinderpässen: Nachweis über das Sorgerecht, wenn ein Elternteil allein sorgeberechtigt ist (Scheidungsurteil).
- 2 Passfotos neuesten Datums, die den Anforderungen an Biometrie-Tauglichkeit genügen müssen, d. h. Maße vom Kinn bis zum Haaransatz: mindestens 32 und maximal 36 mm und vom Kinn bis zum unteren Bildrand ca. 6 mm. Die Fotos dürfen nicht ausgeschnitten sein.
- Abmeldungsbescheinigung des deutschen Einwohnermeldeamtes – das ist besonders wichtig, wenn der letzte Reisepass in Deutschland ausgestellt wurde.
- Heiratsurkunde und, wenn nötig, Scheidungsurteil, sofern sich der Name dadurch verändert hat.
- Wenn sich der Name nach der letzten Ausstellung geändert hat, muss dafür ein entsprechender Nachweis erbracht werden.
- Auch wenn der Name des Kindes, für das der Ausweis beantragt wird, sich geändert hat, ist ein entsprechender Nachweis zu erbringen.
- Erfolgt der Eintrag in den Pass der Eltern, z. B. nach einer Namensänderung, so ist eine entsprechende Klärung nachweislich vor einem deutschen Standesamt nötig.

- Wer einen Künstler- oder Ordensnamen besitzt, muss einen entsprechenden Nachweis darüber erbringen, dass der Name bekannt ist.
- Soll ein Doktortitel in den Ausweis eingetragen werden, dann ist die Promotionsurkunde vorzulegen.

Der dänische Mittelname wird vom deutschen Recht nicht anerkannt. Der dänische Nachweis dafür, der sogenannte „navnebevis", ist nicht ausreichend. Wenden Sie sich zur genauen Klärung an die deutsche Botschaft in Kopenhagen.

Alle benötigten Unterlagen sind im Original oder als beglaubigte Kopie vorzulegen!

Für die Antragstellung sind Gebühren zu entrichten. Diese sind bar und in dänischen Kronen direkt bei der Antragstellung zu bezahlen. Alternativ kann die Gebühr zuvor auf das Konto der dänischen Botschaft überwiesen werden. Es werden keinerlei Kreditkarten und keine Dankort (s. Kapitel 11.6.3 Kreditkarten und Bankkarten) akzeptiert!

Soll ein Kinderausweis beantragt werden, dann gelten zusätzlich folgende Regelungen:

- Der Kinderpass und der Kindereisepass sind bis zum 12. Lebensjahr gültig.
- Der Ausweis ist maximal sechs Jahre gültig.
- Er enthält keinen Chip, keine Fingerabdrücke und keine anderen biometrischen Daten.
- Beide Elternteile müssen den Antrag persönlich bei der Botschaft stellen.
- Alle erforderlichen Unterlagen müssen beglaubigt sein.
- Das Kind muss in der Botschaft erscheinen.
- Es muss, sofern vom Alter her möglich, eine Unterschrift leisten.
- Beide Elternteile müssen den Antrag unterschreiben, sofern sie über das Sorgerecht verfügen.

- Wenn die sorgeberechtigten Eltern keinen gemeinsamen Namen tragen, ist die Abgabe einer Namenserklärung notwendig.
- Auch hier ist der dänische Mittelname nicht anerkannt.

Für die Ausstellung sind folgende Unterlagen nötig:

- Nachweis über das Sorgerecht, wenn ein Elternteil allein sorgeberechtig ist, wie zum Beispiel das Scheidungsurteil.
- Geburtsurkunde des Kindes (wenn die Geburtsurkunde nicht in Deutsch, Dänisch oder Englisch ausgestellt ist, muss eine Übersetzung erbracht werden).
- Heiratsurkunde der Eltern.
- Wenn nötig, Vaterschaftsanerkennung und/oder Sorgerechtsregelung.
- Dänische Aufenthaltserlaubnis der Eltern.
- Reisepässe der Eltern.
- Falls vorhanden, alter Ausweis des Kindes.
- Zwei Passbilder, die den biometrischen Anforderungen entsprechen (s.o.).
- Abmeldebescheinigung des deutschen Einwohnermeldeamtes, wenn der letzte Kinderausweis in Deutschland ausgestellt wurde.
- Auch hier gilt, dass alle Unterlagen im Original oder als beglaubigte Kopie vorgelegt werden müssen.

3.6 Adressänderung im Pass

Sobald man eine CPR-Nummer erhalten hat, muss der Aufenthaltsort im Reisepass bzw. Personalausweis geändert werden. Dazu ist der Besuch bei einem deutschen Generalkonsul notwendig. Man sollte in jedem Fall vorher einen festen Termin vereinbaren, da die Tätigkeit eines Generalkonsuls nur ehrenamtlich erfolgt.

Zur Änderung der Adresse werden folgende Dokumente benötigt:

- Abmeldebescheinigung aus Deutschland,
- gültiger Reisepass oder Personalausweis,
- CPR-Nummer,
- Familienstammbuch.

Folgende Stellen sind zur Änderung befähigt:

- **Ålborg: Honorarkonsul Jørn Astrup Bertelsen, Rings Møbler**
  Danmarksgade 58–64
  8900 Ålborg
  E-Mail: rings@rings.dk
- **Bornholm: Honorarkonsul Kristian Goertz, Bornholms Sommerhus Udlejning**
  Sverigesvej 2
  3770 Allinge
  E-Mail: konsulat@bsu.dk
- **Haderslev: Honorarkonsul Thomas Bekker, Dencon Foods A/S**
  Finlandsvej 16
  Postbox 323
  6100 Haderslev
  E-Mail: tb@denconfoods.dk
- **Grønland: Ilulissat, Honorarkonsulin Elke Meissner, Greenland Tours**
  P.O.B. 160
  3952 Ilulissat
  Grønland
  E-Mail: gtem@greennet.gl
- **Middelfart: Honorarkonsul Torben Østergaard-Nielsen, A/S United Shipping & Trading Company**
  Strandvejen 5
  5500 Middelfart
  E-Mail: ustc@ustc.dk
- **Nykøbing F: Honorarkonsul Ole Lund-Hermansen, Induperm A/S**
  Københavnsvej 1

4800 Nykøbing F
E-Mail: induperm@induperm.dk

- **Næstved: Honorarkonsul Peter Mønsted, Kattebjerg 7**
  4700 Næstved
  E-Mail: peter@monsted.dk
- **Odense: Honorarkonsul Dr. Christian Benne, Tyske Studier**
  Syddansk Universitet
  Campusvej 55
  5230 Odense M.
  E-Mail: konsul.odense@mail.dk
- **Århus: Honorarkonsul Finn Prang-Andersen, Havnegade 4**
  8000 Århus C
  E-Mail: konsul.de@mail.dk

4. Kapitel:

STEUERN UND SOZIALVERSICHERUNGEN

4.1 Steuern

Im europäischen Vergleich gehört Dänemark zu den Ländern mit den höchsten Steuersätzen. Doch andererseits gibt es in Dänemark auch viele Einkommensteuervergünstigungen und viele andere Abgaben sind durch das Steuerrecht geregelt. Der Bürger wird somit nicht noch einmal an anderer Stelle zur Kasse gebeten.

Wer zum Beispiel einen Kredit aufnimmt, um einen Hauskauf zu finanzieren, erhält etwa ein Drittel der monatlichen Abtragung von der Steuerbehörde zurück. Auch Beiträge zur Arbeitslosenversicherung werden zum Teil finanziert. Die Krankenversicherung ist staatlich geregelt und deshalb entfallen hier die in Deutschland üblichen Beiträge. In Dänemark gibt es noch die Kilometerpauschale!

Das dänische Steuerrecht ist wesentlich übersichtlicher als das deutsche Steuerrecht. Die Abgabe der Steuererklärung ist einfach und übersichtlich. Die eigentliche Berechnung der Einkommensteuer ist von verschiedenen Kriterien abhängig. Als Faustregel gilt: Je höher das Einkommen, desto höher die Steuer. Auf das Einkommen werden gleich drei Steuern fällig. Die geringste Steuer entfällt auf den Staat.

Zurzeit gibt es folgende staatliche Steuersätze:

- Mindeststeuersatz (bundskat) 5 %,
- mittlerer Steuersatz (mellemskat) 6 %,
- Spitzensteuersatz (topskat) 15 %.

Dazu wird noch eine Einkommensteuer an die Kommune (kommuneskat) und an den Kreis (amtskat) gezahlt. Diese Steuern variieren und liegen im Durchschnitt bei etwa 30 %.

Es gibt noch einige Ausnahmeregelungen: Für Grenzpendler gelten gesonderte Steuerbeträge. Für Forscher, die über ein Einkommen verfügen, das im Monat 65.000 DKK übersteigt, gilt in der Regel die 25-%-Steuerklausel.

Steuern werden immer fällig, wenn Lohn oder Gehalt zur Auszahlung kommen. Der Steuerbetrag ist nur vorläufig. Der Arbeitgeber führt die Steuern ab, bevor er Lohn oder Gehalt an den Arbeitnehmer auszahlt. Am Anfang des Jahres erhält man einen Steuerbescheid. Sollten Angaben fehlen oder Punkte nicht berücksichtigt sein, kann man innerhalb einer festgesetzten Frist Einspruch erheben. Das geht mündlich bei der örtlichen Skatbehörde. Im Steuerbescheid ist angegeben, welche Einkünfte und Freibeträge der Arbeitnehmer im Laufe des Jahres hatte.

Es gibt eine Reihe von Kostenerstattungen und Steuerfreibeträgen, die vom Einkommen abgesetzt werden können, wie zum Beispiel den persönlichen Steuerfreibetrag oder den Ehegatten-Freibetrag. Dieser Freibetrag steht allen zu und liegt im Moment bei 41.000 DKK. Dieser Betrag gilt nur, wenn man das ganze Jahr in Dänemark beschäftigt war.

Fahrtkosten zwischen Wohnort und Arbeitsplatz sind steuerlich abzugsfähig. Diese Kilometerpauschale ist unabhängig vom Transportmittel. Dies gilt natürlich nur, wenn der Arbeitgeber diese Kosten nicht bezahlt. Weitere Freibeträge gibt es für die Nutzung von Fähren oder Brücken über den Großen Belt und dem Øresund.

Alle Infos zum Thema Steuern in Dänemark gibt es in dänischer und englischer Sprache unter www.skat.dk.

4.2 Erhalt einer Steuerkarte

Jeder, der eine Beschäftigung in Dänemark aufnimmt, benötigt eine Steuerkarte. Es ist ratsam, diese Karte umgehend bei der Steuerbehörde zu holen und an den Arbeitgeber weiterzugeben. Liegt diese Karte bis zur ersten Lohnauszahlung nicht vor, wird immer ein Steuerbetrag in Höhe von 60 % fällig. Zu viel gezahlte Steuern werden erst am Ende des Steuerjahres zurückerstattet.

Zum Erhalt einer Steuerkarte benötigt man folgende Dinge:

- CPR-Nummer,
- Legitimation mit Bild (Pass oder Führerschein),
- Wohnsitznachweis (Miet- oder Kaufvertrag),
- Nachweise über Lohn und Gehalt (Arbeitsvertrag),
- Angaben über die Anstellungsdauer (Arbeitsvertrag),
- einen Nachweis über Sondervergütungen (Unterkunft, Verpflegung, Firmenwagen).

Die Ausstellung der Steuerkarte erfolgt zügig. In der Regel wird sie dem Arbeitgeber direkt zugesandt. Alle Änderungen, die sich im laufenden Jahr ergeben – sprich Lohnerhöhung oder Sondervergütungen – können der örtlichen Skat-Behörde jederzeit gemeldet werden.

4.3 Rentenversicherung

Zwischen allen Ländern der EU gilt ein besonderes Abkommen. Das garantiert, dass bei der Auswanderung keine Zahlungen, die man an die deutsche Rentenversicherung geleistet hat, verloren gehen. Die Rente in Dänemark gliedert sich in zwei Sparten. Jeder dänische Staatsbürger und jeder Ausländer, der mehr als 10 Jahre in Dänemark gelebt hat, erhält die sogenannte Volksrente. Darüber hinaus gibt es Zusatzrentenversicherungen. In diese Versicherung zahlt jeder Arbeitnehmer ein, der mindestens neun Stunden pro Woche und über einen Mindestzeitraum von sechs Monaten beschäftigt ist. Der Rentenbetrag wird aus der Versicherungsdauer und den monatlich geleisteten Beiträgen errechnet.

4.4 Arbeitslosenversicherung

Die Arbeitslosenversicherung (A-Kasse) ist freiwillig. Das heißt, dass auch nur Leistungen bezogen werden können, wenn eine Mitgliedschaft vorliegt. Es gibt eine ganze Reihe staatlich anerkannter Arbeitslosenversicherungen. Die Beiträge variieren erheblich und sind zudem von der Berufsgruppe abhängig.

Es gibt keine genauen Zahlen darüber, wie viele Personen einer Arbeitslosenversicherung angehören. Eine Arbeitslosenversicherung ist wichtig und sollte abgeschlossen werden. Gerade in Zeiten einer weltweiten wirtschaftlichen Krise sollte man für den Ernstfall gerüstet sein.

Folgende Dinge sind erforderlich, um eine Versicherung abzuschließen:

- Altersgrenze zwischen 18 und 65 Jahren,
- fester Wohnsitz in Dänemark,
- Nachweis über die Tätigkeit.

Bei den meisten Versicherungen besteht der Leistungsanspruch erst nach einjähriger Mitgliedschaft und regelmäßiger Zahlung der Beiträge.

Welche Arbeitslosenversicherung für Sie geeignet ist, kann man nicht pauschalisieren. Sprechen Sie Ihre Kollegen an! Auch die Sachbearbeiter Ihrer Bank kennen sich in Sachen Arbeitslosenversicherung bestens aus. Im Internet findet man A-Kassen unter www.krak.dk oder www.google.dk.

5. Kapitel:

GESUNDHEIT

5.1 Allgemeine medizinische Versorgung

Das dänische Gesundheitssystem ist staatlich geregelt und die allgemeine Versorgung ist schlechter als in Deutschland. Gerade in ländlichen Gegenden gibt es nur bedingt ärztliche Hilfe. In der Regel wenden sich kranke Personen an Ihre Hausarztpraxis. In einer Hausarztpraxis arbeiten bis zu zehn Ärzte, die immer andere Patienten betreuen. Ein Vertrauensaufbau ist somit nur selten möglich. Der Hausarzt entscheidet darüber, ob die Erkrankung schwerwiegend genug ist, um in das Versorgungssystem aufgenommen zu werden. Er ist aber zunächst angewiesen, eine hausärztliche Behandlung vorzunehmen. Das führt oft dazu, dass gerade schwere oder bösartige Erkrankungen zu spät erkannt und dadurch nicht mehr erfolgreich behandelt werden können. Erst wenn die hausärztliche Behandlung nicht zum gewünschten Erfolg führt, wird der Patient ins Versorgungssystem aufgenommen. Er wird dann an das nächstgrößere Krankenhaus überwiesen. Die ambulanten Abteilungen regeln dann die weiteren Behandlungsabläufe. In Dänemark kann man ohne Aufnahme in das Versorgungssystem keine Facharztbehandlung in Anspruch nehmen. Facharztpraxen gibt es nur vereinzelt in größeren Städten. Fachärzte praktizieren fast ausschließlich in Krankenhäusern und Kliniken.

Reicht eine hausärztliche Behandlung nicht aus, erfolgt eine Überweisung (henvisning) an das zuständige Krankenhaus. Selbst in dringenden Fällen wartet man bis zu drei Wochen auf einen Termin. Ist die Erkrankung nicht akut, dann sind Wartezeiten von mehreren Monaten durchaus normal. Vom Gesetz her hat man zwar Anrecht auf eine Behandlung im Ausland, wenn die Wartezeit länger als drei Monate beträgt – aber nur die wenigsten Patienten kommen in den Genuss dieser Regelung. Die behördlichen Wege sind lang und der Patient braucht einen langen Atem. Die meisten Kranken resignieren.

Auch die Behandlungsmethoden sind teilweise veraltet und die Krankenhauseinrichtungen nicht immer auf dem neuesten Stand. In Dänemark kann man als Auswanderer wunderbar leben, solange man nicht krank wird! Personen, die ständig auf ärztliche Hilfe angewiesen sind, sollten nicht nach Dänemark auswandern. Selbst wenn die Erkrankung in Deutschland festgestellt wurde und man entsprechende Untersuchungspapiere vorlegen kann, erhält man in Dänemark nicht automatisch die gleiche ärztliche Hilfe. Ist die Behandlung der Erkrankung mit hohen Kosten verbunden, wird die Diagnose oftmals in Frage gestellt. Was in Dänemark normal ist, fällt in Deutschland unter den Deckmantel der „unterlassenen Hilfeleistung".

Wer mit kranken oder kleinen Kindern nach Dänemark umsiedeln will, der sollte die Auswanderung zunächst überdenken und entsprechende Erkundigungen einholen. Es gibt in Dänemark nur ganz vereinzelt Kinderarztpraxen. Für die Behandlung von Kindern ist der Hausarzt zuständig. Erst wenn die hier angeordnete Behandlung über längere Zeit nicht erfolgreich verläuft, erfolgt die Überweisung an eine Kinderarztabteilung (Børne-Ambulance) in einem Krankenhaus. Auch hier sind die Wartezeiten lang und die Behandlungsmöglichkeiten nicht immer auf dem neuesten Stand.

5.2 Gesundheitssystem und Krankenversicherung

Das dänische Gesundheitssystem ist staatlich geregelt. Wer in Dänemark lebt und dort einen festen Wohnsitz hat, ist automatisch krankenversichert. Mit dem Erhalt der CPR-Nummer und dem Eintrag ins Register tritt man ins dänische Gesundheitssystem ein.

Man erhält eine gelbe Gesundheitskarte. Auf dieser Karte ist die Adresse der Hausarztpraxis (lægehus) aufgedruckt. Diese Praxis ist im Falle einer Erkrankung für Sie zuständig. Auswanderer, die ihren Wohnsitz in Deutschland auflösen, haben kein Anrecht mehr auf eine Mitgliedschaft in einer deutschen Krankenversicherung. Eine erneute Aufnahme in eine deutsche Krankenversicherung kann nur über eine Rückwanderung (Formular E104) erfolgen. Eine Mitgliedschaft in beiden Versicherungssystemen ist nicht möglich.

In der Regel sind Auswanderer – wie übrigens die meisten Dänen – im staatlichen Krankensystem versichert. Nur ein ganz kleiner Teil ist privatversichert. Sie können zwar als Auswanderer in diese Versicherung aufgenommen werden; allerdings brauchen Sie dafür sehr viel Geld, denn Sie müssen den größten Anteil der Behandlungskosten selbst tragen. Sogar Personen der oberen Gehaltsklassen können sich keine Privatversicherung leisten.

Sie können über private Versicherungsgesellschaften Zusatzversicherungen abschließen. Diese Versicherungen enthalten verschiedene Leistungen, wie zum Beispiel Zuschüsse zu Zahnarztkosten oder kürzere Wartezeiten bei notwendigen Operationen. Fragen Sie bei der Versicherungsabteilung Ihrer Bank nach. Weitere Versicherungen (forsikring) finden Sie unter www.krak.dk.

5.3 Notfall

Bei Unfällen oder lebensbedrohlichen Erkrankungen gilt die Notrufnummer 112. Sie kann von jeder öffentlichen Telefonzelle kostenfrei angewählt werden. Wenn der Notfall wirklich eintritt, gilt es, zunächst Ruhe zu bewahren. Es wird sich bestimmt jemand finden, der Deutsch versteht oder Englisch spricht. Bitten Sie in jedem Fall auch Dänen um Mithilfe, damit es nicht zu Verständigungsproblemen kommt. Nicht jeder Mitarbeiter der Einsatzzentrale spricht oder versteht Deutsch oder Englisch. Gerade in ländlichen Gegenden kann es unter Umständen lange dauern, bis Rettungssanitäter oder ein Notarzt vor Ort sind. Nicht selten erfolgt die Erstversorgung durch den örtlichen Hausarzt.

Sind die Unfallfolgen nicht lebensbedrohlich, dann müssen Sie sich in Eigenregie um die Behandlung kümmern. Wählen Sie den Notruf daher nur, wenn die Verletzung lebensbedrohlich ist. Bedenken Sie, dass Sie unter Umständen die Kosten für den Einsatz selbst bezahlen müssen, wenn der Notruf nach Einschätzung der Helfer nicht wirklich notwendig war. Das gilt übrigens auch für Feuerwehreinsätze.

Ist das Unfallopfer nicht in Lebensgefahr, so ist das nächstliegende Krankenhaus mit Unfallstation für die Behandlung zuständig. Sie können allerdings nicht einfach zur Behandlung in das Krankenhaus fahren. Eine ärztliche Versorgung erfolgt nur dann, wenn zuvor ein praktischer Arzt oder der ärztliche Bereitschaftsdienst eine Behandlung für notwendig hält. Den Bereitschaftsdienst erreichen Sie nur telefonisch. Welcher Bereitschaftsdienst für Sie zuständig ist, erfahren Sie bei Ihrem Hausarzt oder bei der örtlichen Kommune. Die Nummer des Bereitschaftsdienstes wechselt oft. Schauen Sie daher regelmäßig in die lokalen Zeitungen. Hier werden neue Rufnummern veröffentlicht. Zur eigenen Sicherheit sollten Sie alle paar Monate bei den zuständigen Stellen nachfragen, ob sich die Notrufnummer geändert hat. Nehmen Sie diesen Rat ernst, denn geänderte Rufnummern werden nur kurze Zeit weitergeleitet. Auch eine Bandansage mit Änderung der Rufnummer erfolgt nur selten. Das kann im Ernstfall zu großen Problemen führen.

Nach der telefonischen Anmeldung wird man Ihnen entweder eine Unfallstation zuweisen oder Sie werden an Ihren Hausarzt zurücküberwiesen. Die Hausarztpraxen sind in der Woche von 8–16 Uhr geöffnet. Nur in dieser Zeit finden Behandlungen statt. Es gibt hier keine Auskünfte über Notdienste. Im Notfall müssen Sie sich außerhalb der Sprechzeiten und am Wochenende an den ärztlichen Bereitschaftsdienst wenden. Der Bereitschaftsdienst ist werktags von 16–8 Uhr und an den Wochenenden Tag und Nacht erreichbar. Nur der Bereitschaftsdienst entscheidet telefonisch darüber, ob eine Behandlung erfolgen muss. Er kann Sie an ein Krankenhaus überweisen, einen Arzt oder einen Krankenwagen schicken. Hält der Bereitschaftsdienst eine Behandlung nicht für notwendig, müssen Sie sich zu den regulären Öffnungszeiten an Ihren Hausarzt wenden. Egal, wie schlimm die Beschwerden auch sind – ohne Anweisung vom ärztlichen Bereitschaftsdienst erfolgt in keinem Krankenhaus eine Behandlung!

5.4 Übersetzungen für den Notfall

Hilfe	Hjælp
Achtung/Vorsicht	Pas på
Rufen Sie schnell einen Krankenwagen.	Kald hurtig en ambulance.
Wo ist das nächste Krankenhaus/der nächste Arzt?	Hvor er den nærmeste hospital/læge?
Ich brauche einen Arzt.	Jeg behøver en læge.
Rufen Sie bitte einen Krankenwagen.	Vær venlig at tilkalde en ambulance.
Können Sie mir helfen?	Kan du hjælpe mig?
Ich bin krank.	Jeg er syg.
Er/Sie ist krank.	Han/hun er szg.
Ich (er/sie hat) habe Fieber.	Jeg/han/hun har feber.
Ich habe Schmerzen im …	Jeg har ondt i …
Er/Sie hat Schmerzen im …	Han/hun har ondt i …
Zehen	Tåen
Füße	Foden
Knie	Knæet
Beine	Benet
Finger	Fingeren
Hände	Hånden
Magen	Maven
Arme	Armen
Rücken	Ryggen
Schultern	Skulderen
Nacken	Nakken
Hals	Halsen
Mund	Munden
Nase	Næsen
Auge	Øjet
Ohr	Øret
Kopf	Hovedet
Wo ist die nächste Apotheke?	Hvor ligger det nærmeste apotek?
Ich brauche etwas gegen Durchfall/ Halsschmerzen/Fieber/Zahnschmerzen.	Jeg har brug for noget mod diarré/ halssmerter/feber/tandsmerter.

5.5 Apotheken

Jeder größere Ort verfügt über eine Apotheke. In ländlichen Gegenden gibt es einen sogenannten „apotek-service", d. h., dass der Hausarzt die erforderlichen Medikamente direkt bei einer Apotheke bestellt. Die Lieferungen der Arzneien erfolgt dann an den Hausarzt oder eine lizensierte Stelle, wie zum Beispiel ein „Super Brugsen". Das kann bis zu drei Tage dauern. Der Patient holt die Medikamente dort ab und begleicht auch dort die Rechnung.

Notfall-Apotheken sind in Dänemark nicht bekannt. Die Apotheken öffnen in der Regel um 10.00 Uhr und schließen um 17.00 Uhr. Außerhalb der Öffnungszeiten können einige Medikamente (Hustensaft, Mittel gegen Durchfall, Kopfschmerztabletten, Nasentropfen usw.) im Supermarkt „Brugsen" erworben werden. Auch einige andere Supermärkte und Tankstellen verfügen über Verkaufslizenzen und bieten entsprechende Medikamente an.

Medikamente und Arzneimittel sind in Dänemark teurer. Daher sollte man sie möglichst in Deutschland kaufen und auf Vorrat lagern. Auch verschreibungspflichtige Medikamente sind selbst zuzüglich der Gebühr für ein Privatrezept in Deutschland günstiger zu erwerben. Der Kauf über Online-Apotheken ist nur bedingt möglich, da nur wenige Apotheken die Ware ins Ausland liefern.

5.6 Private Kliniken und Krankenhäuser

In Dänemark gibt es eine große Anzahl privater Kliniken und Krankenhäuser. Die Tendenz ist steigend, denn immer mehr Patienten sind mit der staatlichen Gesundheitsversorgung unzufrieden. Die Auswahl reicht von kleinen Praxisgemeinschaften bis hin zu hochmodernen Kliniken. Allerdings ist die Behandlung in privaten Kliniken teuer. Eine ärztliche Untersuchung mit Behandlungs- und Kostenvorschlag inklusive einem kleinen Blutbild kostet knapp 1200 DKK.

Adressen privater Kliniken und Krankenhäuser:

- „Privathospitalet Svanegården": Behandlungsmaßnahmen für Patienten mit Depressionen, Stress und Alkoholabhängigkeit: www.svanegaarden.dk
- „EIRA – Privathospitalet Skejby": Private Klinik für Chirurgie, Rheumabehandlung, Pädiatrie, Radiologie und Gynäkologie: www.eiradanmark.dk
- „Unilabs Pilestræde Røntgen": Private Klinik in Kopenhagen mit 60 erstklassig ausgebildeten Radiologen. Die Klinik bietet radiologische Diagnostik wie Ultraschall und Mammografie: www.unilabs.dk
- „Behandlingscenter TJELE": Private Klinik für Alkoholkranke: www.tjele.com
- „Gråbrødre Klinikken": Private Klinik in Odense für Gynäkologie und Urologie: www.graabroedreklinikken.dk
- „Nørmark": Private orthopädische und chirurgische Klinik: www.nørmark.dk
- „Valdemar": Privat-Hospital für Diät-Kuren, Akupunktur, Physio-Therapie, Handchirurgie, Kardiologie, Neurologie, Neu-Chirurgie, Orthopädie und Chirurgie: www.phvaldemar.dk
- „Mølholm": Private Klinik für alle Erkrankungen: www.molholm.dk
- „Grymer": Chirurgische Privat-Klinik in Århus: www.grymer.dk
- „EDTA": Informationen über private Kliniken: www.edta-patientforeningen.dk
- „Privatlægen": Wichtige Infos und Adressen zum Thema privater Hausarzt, Untersuchungsmethoden und Behandlungsmöglichkeiten: www.privatlaegen.dk oder www.privatedoctor.dk
- Allgemeine Infos zu privaten Einrichtungen gibt es unter: www.sppd.dk
- Allgemeine Infos zum Thema Privatversicherung gibt es unter: www.daph.dk

5.7 Zahnarzt

Zahnbehandlungen sind in Dänemark teuer. Die Kosten für die Zahnbehandlung muss der Patient selbst übernehmen. Lediglich Vorsorgeuntersuchungen für Kinder werden durch das staatliche System gedeckt. Sollten bei der Vorsorgeuntersuchung Mängel festgestellt werden, muss der Hausarzt in Absprache mit dem Zahnarzt einen Eintrag in das System machen. Danach erhält man einen Termin bei einem Zahnarzt der Børne-Ambulance.

Auch in akuten Fällen (Schmerzen) beträgt die Wartezeit mindestens einen Monat. Der Zahnarzt gibt nach der Untersuchung eine Behandlungsempfehlung an die Kommune. Hierbei liegt das Augenmerk nicht auf den Patienten, sondern auf die kostengünstigste Lösung! Die besteht meist darin, die Zähne zu ziehen, da so eine teure Nachbehandlung nicht erfolgen muss. Zudem werden die Kosten für Kinderzahnersatz nicht durch das System gedeckt. In diesem Fall sollte man eine private Zahnbehandlung in Deutschland oder Polen vorziehen, denn viele Kinderzähne können durch gezielte Behandlung im Ausland gerettet werden.

Es ist ratsam, Zahnbehandlungen aller Art im Ausland durchführen zu lassen. Das spart nicht nur Kosten, sondern dient in erster Linie dem Erhalt der Zähne.

5.8 Alarm-Signale, Sirenen und Notfall-Pakete

Was in Deutschland längst der Vergangenheit angehört, ist in Dänemark noch aktuell: die Verwendung von Alarm-Signalen und Sirenen. Gerade die ländlichen Gegenden – hier vor allem Jütland – sind noch flächendeckend mit Sirenen ausgestattet, die auch bei Gefahr zum Einsatz kommen. Es gibt sogar noch ausgewiesene Sammelstellen, die im Ernstfall Hilfestellungen wie die ärztliche Versorgung oder eine Evakuierung koordinieren.

Viele Dänen sind im Besitz eines Notfall-Pakets, bestehend aus Taschenlampe, haltbaren Nahrungsmitteln, Erste-Hilfe-Kasten und Transistor-Radio. Viele Institutionen wie „ASF-Dansk Folkehjælp“ oder „Beredskabs-Forbundet“ bieten regelmäßige Kurse an, in denen man das Handeln im Notfall erlernen kann. Kinder und Jugendliche werden in der Schule und im Kindergarten für den Notfall ausgebildet.

Das Reaktor-Unglück von Tschernobyl und die Ansiedlung vieler Atomkraftwerke in Schweden haben die Dänen in ihrem Handeln noch gestärkt. Auch die Menschen an den Küsten legen großen Wert auf Notfallkoordination, da es immer häufiger zu folgenschweren Sturmfluten kommt. Zudem schenkt man der Polschmelze eine große Aufmerksamkeit. Kommt es zu Überschwemmungen, wäre Dänemark davon stark betroffen.

Machen Sie sich als Auswanderer mit den Notfallregeln vertraut, denn die Dänen nehmen diese Vorschriften sehr ernst. Mehr Infos findet man in jedem Telefonbuch unter dem Stichwort „Beredskabsstyrelsen“ oder im Internet unter www.asf.dk oder unter www.beredskabs-forbundet.dk.

Achtung: An jedem ersten Mittwoch im Mai werden alle Sirenen geprüft. Da kann es vorkommen, dass stundenlang Sirenen heulen!

6.1 Umzug

Wie Sie Ihren Umzug nach Dänemark organisieren, hängt natürlich von Ihrem Umzugsgut und von Ihrem Geldbeutel ab. Wer über ein schmales Budget verfügt, sollte sein Umzugsgut auf das Minimale reduzieren. Am günstigsten ist die Anmietung eines Kleinlasters, der selbst gesteuert werden kann. Viele Unternehmen bieten günstige Wochenendspecials oder Auslandstarife an. Um weitere Kosten zu sparen, empfiehlt sich die Rückgabe des Kleinlasters in Deutschland.

Eine Anmietung ist natürlich von den gefahrenen Kilometern und der Anzahl der Miettage abhängig. Extrakosten entstehen zudem für Versicherungen und Benzin. In Deutschland ist Autobahnmaut zu entrichten. Bei dieser Art des Umzuges entstehen Kosten von mindestens 1000 Euro pro Kleinlaster. Bedenken Sie, dass Sie den Umzug in Eigenregie durchführen müssen und Sie Helfer organisieren und eventuell auch bezahlen müssen.

Weitere Infos zur Anmietung gibt es unter:

- www.sixt.de
- www.europcar.de

Es besteht auch die Möglichkeit, Lastwagen über 7,5 Tonnen Ladegewicht anzumieten. Hierfür benötigt man jedoch einen Lkw-Führerschein. Weitere Auskünfte unter:

- www.hertztrucks.de
- www.erento.com
- www.budget.de

Es ist in jedem Fall bequemer, ein Transportunternehmen oder eine Umzugsfirma zu beauftragen. Die Kosten dafür sind enorm hoch und davon abhängig, wie umfangreich das Umzugsgut ist. Wer schon viel

Geld dafür bezahlt, sollte sich vergewissern, dass das Unternehmen sich mit Auslandsumzügen auskennt. So werden unangenehme Überraschungen – zum Beispiel beim Erstellen der Zollpapiere – verhindert. Kleinere regionale Unternehmen sind in der Regel preiswerter, verfügen aber über wenig Auslandserfahrung. Die Wahl der Spedition ist reine Vertrauenssache.

Zunächst vereinbart man telefonisch einen Besichtigungstermin. Ein erfahrener Mitarbeiter kommt dann zur Umzugsgutbesichtigung. Es ist wichtig, dass man genaue Angaben darüber macht, was transportiert werden muss. Hier ist dann entscheidend, ob das Unternehmen den kompletten Umzug alleine durchführt oder das Einpacken und das Beladen in Eigenregie durchgeführt wird. Müssen sperrige Gegenstände, wie zum Beispiel ein Klavier, transportiert werden, entstehen zusätzliche Kosten. Bei Etagenwohnungen wird meistens ein Lastenaufzug angebracht, der ebenfalls extra bezahlt werden muss. Natürlich variieren die Preise und sind auch vom Wohnort abhängig, aber mit folgenden durchschnittlichen Kosten kann man rechnen:

- Einpacken des Umzugsgutes und Be- und Entladen in Eigenregie (Unternehmen ist nur für den Transport zuständig): 5000 bis 10000 Euro, ohne Versicherung.
- Einpacken in Eigenregie (Unternehmen ist zuständig für Be- und Entladung und Transport): 8000 bis 12000 Euro, ohne Versicherung.
- Unternehmen übernimmt den kompletten Umzug: ab 15000 Euro aufwärts.

Die Kosten für die Versicherung sind vom Wert des Umzugsgutes abhängig. Mehr Infos unter www.schenker.com.

6.2 Umzugsgut

Obwohl Dänemark ein EU-Land ist, gibt es eine ganze Reihe Einfuhrbeschränkungen und Verbote. Grundsätzlich ist es erlaubt, das Umzugsgut zoll- und steuerfrei nach Dänemark einzuführen. Folgende Voraussetzungen müssen dabei erfüllt werden:

- Man muss einen festen Wohnsitz in Dänemark haben.
- Man muss zuvor mindestens ein Jahr in Deutschland gewohnt haben.

6.3 Einfuhr von Tieren und Pflanzen

- Das Umzugsgut muss auch weiter genutzt werden.
- Das Umzugsgut muss mindestens ein halbes Jahr im Besitz der Auswanderer sein.

Zum Umzugsgut gehören alle Gegenstände des täglichen Gebrauchs wie Möbel und Hausrat.

Hunde, Katzen und Frettchen können ohne großen Aufwand nach Dänemark eingeführt werden. Dafür benötigt man einen Europäischen Heimtierausweis, den der Tierarzt ausstellt. Dieser Pass muss dem Tier eindeutig zugeordnet werden können. Empfehlenswert ist das Einkleben eines Fotos. Das Tier muss mit einer Tätowierung oder einem Mikrochip versehen sein und die dazugehörige Identifikations-Nummer muss im Haustierpass eingetragen sein. Auch eine Impfung gegen Tollwut ist erforderlich und muss durch den Eintrag im Haustierausweis nachweisbar sein. Die Impfung muss mindestens 30 Tage vor der Einreise durchgeführt werden und darf höchstens 12 Monate zurückliegen.

Folgende Rassen dürfen grundsätzlich nicht nach Dänemark eingeführt werden: Pitbullterrier, American Staffordshire Terrier, Tosa, American Bulldog, Boerboel, Fila Brasileiro, Dogo Argentino, Kangal, Zentralasiatischer Owtscharka, Südrussischer Owtscharka, Kaukasischer Owtscharka, Sarplaninac und Tornjak. Ab dem 1. Juli 2010 sind auch die Züchtung und der Verkauf dieser Rassen verboten.

Hundebesitzer, die vor dem 1. Juli 2010 nach Dänemark eingewandert sind oder dort gemeldet waren und im Besitz von Kampfhunden sind, dürfen diese behalten. Allerdings gelten für sie verschärfte Haltungsvorschriften wie Maulkorb und eine kurze Leine, die maximal zwei Meter lang sein darf.

Welpen, die nach dem 17. März 2010 geboren sind, müssen eingeschläfert oder ins Ausland verkauft werden. Die dänische Regierung führt Beobachtungslisten, auf denen weitere Rassen zu finden sind. Wird eine Rasse auffällig, so kann Sie kurzfristig auf die Verbotsliste gesetzt werden.

Kreuzungen mit diesen Rassen sind ebenfalls vom Einfuhrverbot betroffen. Werden trotz der Verbote Tiere nach Dänemark eingeführt, gelten harte Maßnahmen. Die Tiere werden beschlagnahmt und schnellstens eingeschläfert. Der Halter muss mit einem hohen Bußgeld rechnen. Im schlimmsten Fall kann eine Ausweisung erfolgen. Tiere, die jünger als drei Monate sind, dürfen ebenfalls nicht nach Dänemark eingeführt werden. Eine Ausnahmeregelung ist möglich, wenn das Tier nachweislich an seinem Geburtsort gehalten wurde und nicht in Kontakt mit wildlebenden Tieren gekommen ist, die womöglich mit Tollwut infiziert waren. Auch Jungtiere müssen über einen Heimtierausweis verfügen, gegen Tollwut geimpft sein und eindeutig identifizierbar sein.

Auf die Färöer-Inseln dürfen Hunde und Katzen nicht eingeführt werden. Für Grönland gibt es Ausnahmeregeln, wenn man im Besitz einer Einfuhrgenehmigung ist. Nähere Auskünfte gibt es bei den dänischen Veterinärbehörden unter www.fødevaredirektoratet.dk oder E-Mail an fdir@fdir.dk.

Es gibt bestimmte Haustiere, die nur in Personenbegleitung nach Dänemark eingeführt werden dürfen. Dazu gehören Reptilien, Spinnentiere und Insekten. Für Hasen, Bisamratten, Chinchillas, Eichhörnchen, Kanarienvögel und Wellensittiche besteht eine Ausnahmeregelung, wenn die Tiere nachweislich mindestens sechs Monate vor der Einfuhr im Besitz des Halters waren.

Maximal zehn Tiere dürfen eingeführt werden. Tiere die vor der Einreise gekauft wurden, dürfen nur mit einer Einfuhrgenehmigung der Veterinärbehörde eingeführt werden. Das Gleiche gilt auch für Tiere, die ohne Personenbegleitung eingeführt werden.

Lebende Pflanzen dürfen nur eingeführt werden, wenn ein Gesundheitszeugnis vorliegt. Die Einfuhr von Schnittblumen ist erlaubt, wenn diese als Geschenk mitgeführt werden. Nähere Auskünfte dazu erteilt das „Danish Plant Directorate" unter www.pdir.dk.

6.4 PKW-Einfuhr

Die Einfuhr eines PKWs nach Dänemark ist mit sehr hohen Kosten verbunden und sollte daher gründlich überdacht werden. Dies gilt insbesondere für neuere PKWs, die in Dänemark zur Luxusklasse gehören, wie BMW, Mercedes, verschiedene Audi-Modelle, Porsche und andere Sportwagen.

Gebrauchtwagen können steuer- und zollfrei nach Dänemark eingeführt werden, wenn sie mindestens sechs Monate alt sind und eine Laufleistung von mindestens 6000 km haben. Autos, die diese Kriterien nicht erfüllen, werden mit einer Mehrwertsteuer in Höhe von 25 % des Listenpreises besteuert. Der Listenpreis ist in Dänemark wesentlich höher als in Deutschland.

Wer nach Dänemark einwandert, ist verpflichtet, seinen PKW innerhalb von 14 Tagen umzumelden und zu registrieren, wenn dieser in Dänemark genutzt werden soll. Zunächst benötigt man eine Haftpflichtversicherung, die sogenannte „Forsikringsbevis til brug for indregistering". Versicherungsagenturen finden Sie unter www.krak.dk.

Der Wagen muss vom Dänischen TÜV, der „Statens Bilinspektion", abgenommen werden. Dafür entstehen Kosten in Höhe von etwa 100 Euro. Adressen von Prüfstellen gibt es unter www.bilsyn.dk.

Erst wenn alle Dokumente vorliegen, kann das Fahrzeug registriert werden. Die höchsten Kosten entstehen durch die Registrierung. Die Gebühr beträgt ca. 60 % des Verkehrswertes. Natürlich ist dieser Verkehrswert vom Alter und Zustand des Wagens abhängig. Man muss aber bedenken, dass PKWs in Dänemark manchmal doppelt so teuer sind wie in Deutschland. Die Registrierung erfolgt bei der zuständigen Skatbehörde.

Nach der Bezahlung der Registrierungsgebühr erhält man ein Zertifikat, das zum Erhalt von Nummernschildern berechtigt. Diese Schilder bekommt man gegen eine Gebühr von etwa 1200 Kronen, entweder beim Motorkontor der Skatbehörde oder der örtlichen Polizei.

Aufgrund der hohen Registrierungsgebühr sollte die Einfuhr nach Dänemark gut überlegt werden. Sie können die Höhe der Registrierungsgebühr schon vorab in Deutschland erfragen. Dazu müssen Sie einen Antrag bei der Skat-Behörde stellen. Die Antragstellung kann online unter www.skat.dk erfolgen. Abhängig vom Fahrzeugmodell kann die Bearbeitungszeit mehrere Monate dauern.

Der Wert des Fahrzeuges wird geschätzt und dadurch entstehen erhebliche Unterschiede bei den Registrierungsgebühren. Für Dänen fallen die Registrierungsgebühren geringer aus als für Zuwanderer. Das wird zwar offiziell heftig dementiert, aber die Wirklichkeit sieht anders aus. Sofern Sie über gute Kontakte nach Dänemark verfügen, bitten Sie dänische Freunde, Kollegen oder Verwandte darum, den Antrag bei der Skatbehörde zu stellen und Ihren PKW nach Dänemark einzuführen. Dadurch können Sie Kosten sparen. Der Wagen kann nach der Einführung durch einen Kauf Ihrerseits erworben werden.

Die Kosten, die für die Registrierung verlangt werden, klingen utopisch, aber sie sind real. Auch wenn es Ihnen unglaublich erscheint, dass Sie eine Registrierungsgebühr bezahlen sollen, die den vierfachen Wert Ihres Wagens übersteigt, sollten Sie der Forderung schnellstens nachkommen. Der PKW eines Einwanderers darf nur maximal 14 Tage in Dänemark genutzt werden. Danach ist eine Registrierung erforderlich. Es ist strengstens verboten, das Fahrzeug länger als 14 Tage nach der offiziellen Einreise zu führen. Hält man sich nicht an diese Regel, macht man sich strafbar und die Bußgelder sind enorm hoch. Noch schlimmer kommt es, wenn das Fahrzeug in einen Unfall verwickelt wird. Spüren die Behörden ein Fahrzeug auf oder wird ein Fahrzeug innerhalb einer Kontrolle oder eines Unfalls entdeckt, wird es sofort beschlagnahmt und mit sofortiger Wirkung stillgelegt. Die Registrierungsgebühr muss dann innerhalb kurzer Zeit beglichen werden. Ist das nicht möglich, droht eine Gefängnisstrafe. Hinzu kommt noch ein saftiges Bußgeld, das vom Fahrzeug und vom Zeitraum des unerlaubten Führens abhängig ist. Mit mindestens 2000 bis 3000 Euro können Sie rechnen!

Für die Registrierung benötigen Sie das Formular 21.0009. Das Formular kann online ausgedruckt werden und ist bei der Skatbehörde erhältlich. Darüber hinaus benötigen Sie die dänische Abnahmebescheinigung des TÜVs und einen sogenannten „Forsikringsbevis til brug for indregistering", den Sie bei Ihrer Versicherung erhalten. Die Registrierungsgebühr muss sofort vor Ort bar oder mit Kreditkarte bezahlt werden.

7. Kapitel:

WOHNEN

7.1 Wohnungsmarkt

Die meisten Dänen bewohnen ihre eigene Immobilie. Je ländlicher das Gebiet, desto seltener stehen Miet-Immobilien zur Verfügung. Die Mietpreise sind von der Größe und der Lage des Mietobjektes abhängig. In den großen Städten wie Kopenhagen oder Odense sind die Mieten extrem hoch. Nicht selten zahlt man für eine 80 qm große Wohnung ab 1000 Euro monatliche Miete zuzüglich Nebenkosten. In Jütland kann man dagegen ein 120 qm großes Haus für umgerechnet 650 Euro zuzüglich Nebenkosten anmieten. Die Anmietung von Wohnungen und Häusern kann unter Umständen teurer sein als der Erwerb der Immobilie. Wer auf Dauer in Dänemark leben und arbeiten will, sollte daher über den Kauf einer Immobilie nachdenken.

7.2 Vermietungen

Die Suche nach einem Mietobjekt kann schwierig werden. Sofern Sie sich bereits in Dänemark aufhalten, sollten Sie Kollegen um Mithilfe bitten.

Werfen Sie einen Blick in den Immobilienmarkt der Tages- und Wochenzeitungen. In einigen Supermärkten gibt es sogenannte „Schwarze Bretter". Hier werden auch Mietangebote angepinnt. Eine Anfrage beim Makler ist gebietsabhängig. In einigen Teilen des Landes verfügen die Immobilienbüros auch über Mietangebote.

Langjährige Mietverträge sind eher unüblich. In der Regel werden die Häuser bis maximal zwei Jahre vermietet, wobei das rechtlich gesehen gar nicht erlaubt ist. Viele Häuser sind möbliert. Grundsätzlich verfügen alle Objekte über Einbauküchen inklusive Herd und Kühlschrank. Auch Waschmaschine und Trockner stehen in vielen Mietwohnungen zur Nutzung bereit. Viele Vermieter verlangen eine Kaution in Höhe von drei Kaltmieten. Nicht selten muss die Miete gleich mehrere Monate im Voraus gezahlt werden. Es gibt viele Unterschiede gegenüber dem deutschen Mietrecht. Der Vermieter hat das Recht, die Miete einmal pro Jahr und nach Modernisierungsarbeiten zu erhöhen.

7.3 Ferienhäuser

Dass Dänemark über ein vielfältiges Ferienhausangebot verfügt, ist weitgehend bekannt. Sicherlich empfiehlt sich für den Anfang die Anmietung eines Ferienobjektes. Doch dies sollte nur eine vorübergehende Lösung darstellen. In der Regel ist es unüblich, dass Ferienhäuser länger als drei Wochen am Stück vermietet werden. Daher sollte man schon im Vorfeld abklären, ob eine Langzeitvermietung überhaupt möglich ist. Manchmal vermietet der Vermittler die Häuser auch über längere Zeit. Nicht immer ist dies aber mit dem Hausbesitzer abgesprochen.

Wer sich für die Anmietung eines Ferienobjektes entscheidet, sollte sich unbedingt über die Ausstattung informieren. Eine Waschmaschine und ein Kühlschrank sollten schon zur Grundausstattung gehören, denn in vielen Orten gibt es keine Waschsalons.

Nebenkosten für Strom und Wasser sind gesondert zu entrichten. Die meisten Ferienhäuser sind nur für die Sommersaison zum Bewohnen geeignet. Trotzdem werden sie auch im Winter vermietet. Dadurch können sehr hohe Nebenkosten entstehen, denn viele Objekte verfügen nur über eine Elektroheizung, einen offenen Kamin oder einen Ofen. Eine Elektro-Heizung wärmt nur bedingt und ist im Gebrauch sehr teuer. Brennmaterialien wie Holz oder Briketts müssen in Eigenregie transportiert und gelagert werden.

Die Mietpreise für ein Objekt variieren erheblich und sind von der Lage, der Größe und in der Hauptsache von der Saison abhängig. Bedenken Sie, dass in der Hauptsaison die Mietpreise vier- bis fünffach so hoch liegen können. Außerhalb der Saison sind die Mietpreise billig. Allerdings ist in vielen Ferienhausgebieten der Service eingeschränkt. Die Vermietungsbüros sind meistens nur zur Schlüsselübergabe geöffnet. Kommt es zu Problemen, dann sind Ansprechpartner vor Ort nur schwer zu erreichen. Der Kontakt ist dann nur über eine teure Telefon-Hotline möglich. Mit schneller Hilfe ist nur selten zu rechnen.

Viele Ferienhausgebiete sind außerhalb der Saison menschenleer. Nicht selten sind nur ein bis zwei Prozent der Häuser bewohnt. Im Ernstfall ist man auf sich alleine gestellt. Es verkehren keine Busse und auch der Betrieb der Müllabfuhr ist eingeschränkt. Restaurants und Supermärkte bleiben geschlossen und nicht selten wird die komplette Weg- und Straßenbeleuchtung ausgeschaltet!

Aber auch die Anmietung in der Hauptsaison hat Nachteile. Die Mietpreise sind sehr hoch. In den Restaurants gibt es Wartezeiten und die Ferienhausgebiete sind überfüllt. Dies gilt besonders im Juli und August und über Weihnachten und Sylvester.

Das Angebot an Ferienhäusern ist unerschöpflich, daher hier eine Auswahl der größten Anbieter:

- www.dansommer.de
- www.novasol.de
- www.dancenter.de
- www.cofmann.de

Die Anmietung bei privaten Vermietern ist günstiger. Bei den regionalen Touristenbüros erhält man Adressen von privaten Vermietern. Mehr unter www.visitdenmark.de.

7.4 Zimmer, Bed & Breakfast, Jugendherbergen

Wandern Sie alleine aus, dann können Sie alternativ ein Zimmer anmieten. Überall finden Sie geeignete Angebote. Fahren Sie einfach die Gegend ab und achten Sie am Straßenrand auf Schilder mit der Aufschrift „Rooms" oder „Værelse". Diese Zimmer sind enorm günstig und zum Teil mit Frühstück zu haben.

Unter www.visitdenmark.de findet man eine ganze Reihe privater Zimmervermieter, Zimmer auf Bauernhöfen oder „Bed&Breakfast"-Zimmer. Mehr Infos dazu gibt es unter www.bedandbreakfast.dk.

Eine komfortablere, aber auch teurere Variante ist das Übernachten in einer „Kro". Mit „Kro" werden in Dänemark alle Landgasthöfe bezeichnet. Freie Zimmer findet man unter www.krohotel.dk.

Auch die Übernachtung in einer Jugendherberge (Danhostel) www.danhostel.dk ist preiswert und gut.

7.5 Campingplätze

Dänemark ist das Land der Camper. Das spiegelt sich schon in der großen Anzahl der Campingplätze wider, die sich in allen Größen und Kategorien über das ganze Land verteilen. Das Angebot ist vielfältig. Die Übernachtung im Zelt ist nur von Mai bis September empfehlenswert. In den anderen Monaten sollte man eine Übernachtung im Wohnwagen vorziehen. Wer keinen eigenen Wohnwagen hat, kann sich nach einem Mietwohnwagen umsehen. Das Angebot ist groß. Auch für Wohnmobile gibt es im ganzen Land Stellmöglichkeiten.

Alles Weitere gibt es unter www.danskecamping.dk und www.dk-camp.dk. Beide Websites erhalten auch Informationen in deutscher Sprache.

7.6 Melde-Adresse

Die erste Melde-Adresse in Dänemark ist von höchster Wichtigkeit. Sie wird für zahlreiche Behördengänge benötigt. Ohne eine Melde-Adresse in Dänemark kann man keine Aufenthaltsgenehmigung beantragen und erhält somit auch keine CPR-Nummer.

Obwohl es sich bei der ersten Adresse meist nur um eine vorübergehende Adresse handelt, gilt Sie gesetzlich als erster fester Wohnsitz in Dänemark. Diese Regelung gilt auch, wenn die erste Melde-Adresse zu einem Hotel, einem Campingplatz oder einem Ferienhaus gehört. Da hier das Mietrecht zur Anwendung kommt, kann es zu Problemen kommen. Nicht alle Ferienhausvermieter dulden den Gebrauch ihrer Adresse. Das liegt meistens an der Steuerregelung, da Mieteinahmen aus Ferienimmobilien anders versteuert werden als Einnahmen aus festen Mietverhältnissen. Die Gesetze sehen vor, dass die Höchstvermietungsdauer von drei Wochen gar nicht bzw. nur im Einzelfall überschritten werden darf. Erkundigen Sie sich daher rechtzeitig beim Vermieter oder dem Vermittlungsbüro.

Die vorläufige Melde-Adresse wird bei den Behörden als feste Melde-Adresse geführt. Zwangsläufig werden Ihnen wichtige Dokumente an diese Adresse zugesandt. Das geschieht meist über den Zeitpunkt der Anmietung hinaus. Deshalb sollten Sie folgende Dinge abklären, bevor Sie eine Melde-Adresse öffentlich angeben:

- Duldet der Vermieter bzw. die Ferienhausvermietung den Gebrauch der Adresse?
- Befindet sich am Haus ein Briefkasten, der auch benutzt werden kann?
- Wird die Post des gesamten Ferienhausgebietes an eine Sammeladresse geschickt?
- Ist das Gebiet eventuell zu abgelegen oder ist es unüblich, dass die Post an die einzelnen Häuser verteilt wird?
- In vielen Ferienhausgebieten wird gar keine Post verteilt. Es befindet sich dort lediglich ein Sammelbriefkasten. Wichtig ist daher: Wo erhalte ich den Schlüssel dazu und darf ich diesen Sammelbriefkasten überhaupt benutzen?
- Wer kümmert sich um meine Post nach der Abreise/Auszug? Ist gewährleistet, dass die wichtigen Dokumente nicht in falsche Hände geraten, oder können diese nachgesendet werden?

Doch nicht nur bei der Anmietung von Ferienimmobilien kann es zu Problemen kommen. Viele Auswanderer nehmen gerne Auswanderungswillige aus dem Verwandten- und Freundeskreis bei sich auf. Sollte der Aufenthalt länger als drei Monate dauern oder die Melde-Adresse länger als drei Monate Bestand haben, kann es unter Umständen zu Problemen mit der Kommune und/oder der Skat-Behörde kommen. Selbst eine vorläufige Melde-Adresse wird in Dänemark als fester Wohnsitz angesehen. Das bedeutet, dass Sie Steuern für Mieteinnahmen zahlen müssen. Wird Ihre Melde-Adresse als offizielle Adresse geführt, müssen Sie die Skatbehörden umgehend informieren. Sollte es zufällig zu einer Überprüfung kommen, können die Strafen hoch sein, wenn die Behörden nicht informiert wurden. In jedem Fall müssen Sie Steuern nachzahlen. Das gilt auch dann, wenn Sie Personen bei sich aufnehmen und dafür keinerlei Miete oder Ähnliches erhalten.

8. Kapitel:

HAUSKAUF

8.1 Hauskauf und Immobilien

Ob Sie sofort ein Haus kaufen, hängt natürlich von Ihren persönlichen Wünschen ab. Auswanderer können in Dänemark problemlos ein Haus erwerben. Immobilienmakler und gute Angebote findet man in jeder Gegend.

Allgemein sind die Immobilienpreise niedriger als in Deutschland. Allerdings schwanken die Preise erheblich. In den ländlichen Gebieten Mittel- und Nordjütlands sind alte Landhäuser mit Wohnflächen von mindestens 300 qm schon ab 2 Millionen DKK zu haben. Wer handwerklich geschickt ist, der sollte nach renovierungsbedürftigen Häusern Ausschau halten. Diese findet man in den o. g. Gebieten schon ab 200.000 DKK.

Kopenhagen ist nicht ohne Grund eine der teuersten Städte der Welt. Das macht sich auch bei den Immobilienpreisen bemerkbar. Für eine 100-qm-Eigentumswohnung muss man mindestens 4 Millionen Kronen hinblättern. Auch ein 120 qm großes Reihenhaus vor den Toren der Hauptstadt ist nicht unter 2,5 Millionen DKK zu bekommen. Das gleiche gilt für die Stadtvillen, die bei 130 qm ab 3,5 Millionen DKK zu haben sind.

Die grenznahe Gegend ist in Sachen Immobilienpreise stark vom Tourismus beeinflusst. Während man zum Beispiel in Sønderborg für eine 100-qm-Eigentumswohnung mit mindestens 2 Millionen DKK rechnen kann, ist ein vergleichbares Objekt in Esbjerg schon ab 1 Million DKK zu haben. Auch die Preise für Landhäuser schwanken erheblich. Im mittleren Südjütland ist ein 400 qm großes Landhaus bereits ab 1,9 Millionen DKK zu bekommen. Ein Reihenhaus im ostjütländischen Aabenraa kostet mit 100 qm Wohnfläche rund 40.000 DKK.

Sie können Ihr Haus auch selbst bauen. Voll erschlossene Grundstücke kann man günstig erwerben. In Nordjütland zahlt man beispielsweise für ein 800 qm großes und voll erschlossenes Grundstück 70.000 DKK.

Passende Fertighäuser importiert man am besten aus Deutschland. Sehr beliebt sind auch die typisch dänischen Holzhäuser, die man günstig aus Schweden einführen kann.

8.2 Haussuche

In Dänemark ist es üblich, dass man beim Hauskauf einen Immobilienmakler hinzuzieht. Es gibt zwar auch private Angebote, aber diese sind sehr selten. Wer der dänischen Sprache nicht mächtig ist, sollte in jedem Fall einen Vermittler einschalten. Die dänischen Makler sind sehr hilfsbereit und noch lange nicht so ausgekocht wie ihre deutschen Kollegen. Die meisten sprechen Englisch und einige sind auch der deutschen Sprache mächtig. Im Internet finden Sie zahlreiche Immobilienmakler, die auf ihren Websites interessante Immobilienangebote für Sie bereithalten. Sie können den Makler entweder beauftragen, ein passendes Objekt für Sie zu suchen oder Sie stöbern selbst in den vielen Angeboten.

In der Regel schickt Ihnen der Makler ein Exposee zu. Gefällt Ihnen eine Immobilie, dann können Sie einen Besichtigungstermin vereinbaren. Die Exposees werden auch nach Deutschland verschickt. Allerdings gestaltet sich die Immobiliensuche aus der Ferne schwierig. Bevor Sie eine Verbindlichkeit eingehen, sollten Sie das Objekt besichtigen. Manche Immobilien sehen zwar auf Bildern sehr gut aus, entpuppen sich in der Realität aber als echte Bruchbude!

Auf folgenden Websites finden Sie interessante Angebote:

- www.home.dk
- www.estate-maeglerne.dk
- www.edc.dk
- www.sparbolig.dk
- www.dithus.dk
- www.bohus.dk
- www.danbolig.dk

- www.mhbolig.dk
- www.nybolig.dk
- www.maeglerhuset.dk

8.3 Genehmigungen und Regeln

Wer in Dänemark eine Immobilie erwerben will, muss seinen festen Wohnsitz in Dänemark haben. Ausgenommen von dieser Regelung sind nur Personen, die zuvor mindestens fünf Jahre in Dänemark gewohnt haben. Die Wohnsitzregeln sind streng und werden genau kontrolliert. Das dänische Recht macht keinen Unterschied zwischen Zweit- oder Auslandswohnsitz. Für den Immobilienerwerb ist es notwendig, dass der Lebensmittelpunkt in Dänemark ist! Selbst, wer in Dänemark lebt, aber im Ausland arbeitet, wird beim Hauskauf Probleme bekommen. Personen, die dem Anschein nach nur vorübergehend in Dänemark leben, Studenten oder Auszubildende, werden ohne Genehmigung keine Immobilie kaufen können. Das Gleiche gilt auch für Deutsche, die für ein deutsches Unternehmen in Dänemark tätig sind. Ferienimmobilien können von Zuwanderern erst nach fünfjährigem Aufenthalt in Dänemark erworben werden.

Zum Erwerb einer Immobilie ist es notwendig, dass Sie eine feste Adresse in Dänemark haben und dort leben und arbeiten. Es gibt nur ganz wenige Ausnahmeregelungen. Ob Sie eine Genehmigung erhalten oder eine Ausnahmebescheinigung beantragen können, entscheidet das dänische Justizministerium. Weitere Informationen erhält man, auch in englischer Sprache, unter www.jm.dk.

Für Sommerhäuser und Ferienimmobilien gelten besondere Regeln. Man kann diese Art von Immobilien nur erwerben, wenn man seinen festen Wohnsitz in Dänemark hat und dort mindestens fünf Jahre gelebt hat. Wer sich nach fünf Jahren für den Kauf einer Ferienimmobilie entscheidet, muss einige Dinge beachten. Ein Sommerhaus darf nicht als Ganzjahreswohnsitz genutzt werden. Um es zu vermieten, benötigt man eine Genehmigung.

Ist das Haus unrechtmäßig gekauft oder vermietet worden, muss es sofort wieder verkauft werden. Findet sich innerhalb einer befristeten Zeit kein Käufer oder kann der Käufer nicht mehr vom Kauf zurücktreten, so wird die Immobilie zwangsversteigert. Im schlimmsten Fall droht die Ausweisung. Gehen Sie also besser kein Risiko ein!

8.4 Finanzierung

Ist das richtige Haus gefunden, muss die Finanzierung geregelt werden. 10 % des Hauspreises sollte durch Eigenkapital abgedeckt werden. Das erleichtert die Finanzierung. Sie können Ihre Immobilie auch ohne eigene Mittel finanzieren. Bei dänischen Banken und Kreditinstituten gelten andere Regeln als in Deutschland. Deutsche Experten warnen vor dänischen Finanzierungsplänen. Diese sind nur grob kalkuliert und berücksichtigen keinerlei zusätzliche Ausgaben. Bleiben Sie daher beim Kauf der Immobilie immer realistisch. Idealerweise legen Sie den Finanzierungsplan einem deutschen Experten vor.

Dänische Banken genehmigen Finanzierungspläne ohne Eigenkapital. Das mag zwar unkompliziert klingen, aber es birgt viele Gefahren. Für das fehlende Eigenkapital übernimmt der Arbeitgeber eine Bürgschaft. Kommt es zum Bruch des Arbeitsverhältnisses oder zu einer Kündigung, muss der Arbeitnehmer die Summe oftmals gleich und in voller Höhe zurückzahlen. Das kann schnell zum finanziellen Ruin führen. Der Traum von der eigenen Immobilie kann in Dänemark schnell verwirklicht werden. Trotzdem sollten Sie sich nicht blenden lassen. Kaufen Sie schon in Ihrem eigenen Interesse keine Immobilie ohne Eigenkapital!

Haben Sie eine passende Immobilie gefunden, dann erhalten sie vom Makler ein Exposee für Ihre Bank. Ein Mitarbeiter errechnet einen Finanzierungsplan. Prüfen Sie diesen Plan genau und schauen Sie, ob die Finanzierung für Sie persönlich realisierbar ist. Erst danach sollten Sie verbindliche Verträge unterschreiben. Ihre Immobilie wird immer von Hypothekenbanken mittels Schuldverschreibungen finanziert. Die größte Hypothekenbank ist Realkredit Danmark www.rd.dk. Eine weitere seriöse Hypothekenbank ist www.nykredit.dk.

Vermittelt wird der Kredit immer über die Hausbank. Es empfiehlt sich, sämtliche Geldangelegenheiten über eine Bank abzuwickeln. Sehr gute Banken sind Sparbank www.sparbank.dk, die Danske-Bank www.danskebank.dk und die Sparekasse.

Informationen über die Sparekasse erhält man, indem man zur Sparekasse den jeweiligen Ort oder die Stadt hinzufügt, wie zum Beispiel www.sparekasseballing.dk oder www.sparekasseskive.dk.

Bevor der Finanzierungsplan erstellt und umgesetzt wird, müssen der Bank folgende Papiere vorgelegt werden:

- Personalausweise der Käufer,
- CPR-Nummer,
- eventuell die Aufenthaltsgenehmigung,
- Einkommensnachweise,
- die letzte Steuererklärung aus Deutschland,
- Angaben über Schulden,
- Angaben über sonstiges Kapital,
- Arbeitsvertrag,
- Lohnsteuerbescheid,
- Kindergeldbescheid,
- Haus-Exposee für die Bank (erhält man vom Makler).

Wer in Deutschland Schulden hat, sollte diese nicht verheimlichen! Besser ist es, seine finanziellen Verhältnisse offen auf den Tisch zu legen. Oftmals schlägt die dänische Bank auch eine Umschuldung vor, d. h., dass die dänische Bank einen Kredit gewährt, der die Schulden in Deutschland mit begleicht. Die Kreditrückzahlung erfolgt somit nur an die dänische Bank. Falsche Angaben zur finanziellen Situation sind strafbar. Sie können im schlimmsten Fall zur Ausweisung und zur Zwangsversteigerung der Immobilie führen.

8.5 Kaufvertrag

Der Däne kennt kein Notarsystem. Private oder schriftlich verfasste Verträge zwischen Käufer und Verkäufer sind immer rechtswirksam. Vor dem eigentlichen Vertragsabschluss wird zunächst ein Vorvertrag abgeschlossen, der sogenannte „Slutseddel". Dieser Vertrag entsteht nur, damit es zu einer Grundbucheintragung kommen kann. Der eigentliche Kaufvertrag wird vom Rechtsanwalt des Käufers erstellt. Es ist daher besonders wichtig, einen deutschsprachigen Anwalt zu finden. Sollte dies nicht möglich sein, empfiehlt es sich, den Vertrag vor der Unterzeichnung übersetzen zu lassen. Anwälte findet man in allen größeren Orten. Sie arbeiten meistens in einer Gemeinschaftskanzlei.

8.6 Gutachten „Huseftersyn"

Für alle Immobilien, die über einen Makler vermittelt werden, existiert ein Gutachten „Huseftersyn". Dieses Gutachten wird von Experten erstellt und enthält sämtliche Angaben zum Zustand des Hauses. Dieses Gutachten ist besonders wichtig und stellt sicher, dass Käufer und Verkäufer geschützt werden. Das Gutachten beeinflusst manchmal sogar den Kaufpreis. Der „Huseftersyn"-Report sollte vor der Vertragsunterzeichnung vorliegen und gründlich durchgearbeitet werden. Wer die dänische Sprache nicht beherrscht, sollte Freunde oder Arbeitskollegen hinzuziehen. Lassen Sie das Gutachten übersetzen! So erkennen Sie eventuelle Mängel.

Inhalt des Gutachtens „Huseftersyn":

- Angaben zu behördlichen Auflagen,
- Versicherungen,
- Angaben zum Zustand des Hauses (Dach, Fenster, Mauerwerk etc.),
- Angaben zur Wasser- und Stromversorgung,
- Heizverhältnisse,
- Umweltauflagen,
- Eigentumsverhältnisse,

- Mietverträge, sofern vorhanden,
- Größe,
- Anzahl der Zimmer,
- Außenanlage.

8.7 Zusatzkosten

Beim Kauf einer Immobilie entstehen Kosten, die nicht durch den Finanzierungskredit abgedeckt sind. Folgende Zusatzkosten sollte man einkalkulieren:

- Eintragung ins Grundbuch: Grundgebühr liegt bei ca. 1500 DKK zuzüglich 0,6 % des Kaufpreises;
- Kosten für einen Rechtsanwalt von ca. 700 bis 2000 DKK;
- Käuferschutzversicherung (muss nicht abgeschlossen werden) von ca. 600 bis 10.000 DKK.

Für den Käufer entstehen keine Maklerkosten. Auch das o. g. Gutachten muss der Käufer nicht zahlen.

9. Kapitel:

DÄNEMARK: ALLGEMEINER ÜBERBLICK

9.1 Geschichte des Landes

Dänemark wurde bereits 80 000 vor Christus besiedelt. Nachweisbar ist dies durch archäologische Funde in Hollerup in Jütland. Zwischen 8000 v. Chr. und 4000 v. Chr. jagten nomadische Jäger durch die Wälder Jütlands und ließen sich dort nieder. Die Landwirtschaft begann ihre Entwicklung. Um 2000 v. Chr. kamen Ackerbau und Viehzucht hinzu. Durch die Ausdehnung des römischen Reiches geriet Dänemark ab 100 n. Chr. in Bedrängnis und begann mit der Entwicklung von Waffen. Der Name Dänemark wurde erstmals um 700 erwähnt, als die Wikinger das Land bewohnten. Zu diesem Zeitpunkt begannen die Wikinger ihre Plündereien und Raubzüge quer durch Europa und beherrschten auch Teile des östlichen Mittelmeeres. 808 errichtete König Godfred Wälle und Gräben, um gegen die Soldaten Karls des Großen anzukämpfen.

Im 10. und im 11. Jahrhundert wurde Dänemark von Gorm, Harald Blauzahn, Sven Gabelbart, Harald Gabelbart und Knud dem Großen regiert. Es kam zur Eroberung Schleswigs, Norwegens und Teilen Großbritanniens. Doch das ausgedehnte Reich hielt nur bis zum Tode von Knud dem Großen. Die katholischen Bischöfe hatten immer mehr Einfluss auf die dänischen Könige. Adel und Bauern verloren dadurch einige Rechte und es kam 1086 zum Volksaufstand. König Knud IV. wurde getötet und später heiliggesprochen.

Im 12. Jahrhundert richteten sich alle Augen auf Kopenhagen. Unter König Valdemar I. wurde an der Ostkuste Seelands, dem heutigen Kopenhagen, ein Kaufmannshafen gebaut. 1219 wurde der Danebrog die Nationalfahne. Mittlerweile kontrollierten die Dänen den Ostseehandel, eroberten Estland und gründeten die Stadt Reval.

Erst 1227 erlitten die Dänen eine entscheidende Niederlage gegen die deutschen Fürsten. Bis ins 14. Jahrhundert erlitt das dänische Reich immer mehr Rückschläge. König Valdemar Atterdag war 1370 sogar gezwungen, der Besetzung wichtiger Festungen zuzustimmen und den freien Handel zu akzeptieren.

Mitte des 14. Jahrhunderts wurde auch Dänemark von der Pest heimgesucht. Zehntausende Menschen verloren ihr Leben.

1387 wird mit Margrete I. erstmals eine Frau Königin von Dänemark. 1388 starb ihr Ehemann Håkon, König von Norwegen, und so ging das Nachbarland in dänischen Besitz über. Durch den Sieg der Schlacht von Falköping ging auch Schweden in den dänischen Besitz über.

1536 eroberte die lutherische Reform Dänemark. Durch den Frieden von Kopenhagen 1660 verlor Dänemark die schwedischen Gebiete östlich des Sunds und somit auch die Vorherrschaft in der Ostsee. Die Neuordnung Europas durch den Wiener Kongress 1814/15 griff auch auf Dänemark über. Durch den Friedensvertrag von Kiel wurden Schweden und Norwegen abgetreten. 1848 begann der deutsch-dänische Krieg mit einem niedergeschlagenen Aufstand der Herzogtümer Schleswig und Holstein, basierend darauf, dass dänische Nationalisten ihr Land nach Süden hin bis zur Eider ausdehnen wollten. Der Krieg endete 1850.

1849 erhielt Dänemark eine neue Verfassung und wurde konstitutionelle Monarchie. 1864 kam es zum erneuten Krieg mit Deutschland und dadurch zum Verlust der Herzogtümer Lauenburg, Schleswig und Holstein.

Im Ersten Weltkrieg blieb Dänemark neutral. 1915 wurde das demokratische Grundgesetz unterzeichnet und das Frauenwahlrecht eingeführt.

Trotz der Unterzeichnung eines Nicht-Angriffspaktes überfielen deutsche Truppen Dänemark 1940.

Dänemark wurde Gründungsmitglied der Vereinten Nationen im Jahre 1945 und trat 1949 der NATO bei.

1953 erhielt Dänemark eine neue Verfassung, wobei Grönland ein integraler Teil des Landes wurde.

1958 entstand eine Passunion mit Schweden, Norwegen, Finnland und Island.

1973 trat Dänemark, mit Ausnahme der Färöer-Inseln, der Europäischen Gemeinschaft (EG) bei. Mitte der 80er Jahre trat Grönland aus der EG aus und erhielt die Selbstverwaltung. 1993 stimmten die Dänen dem Vertrag von Maastricht, allerdings mit den Vorbehalten von Edinburgh, zu.

1998 konnte man Kopenhagen endlich über den Landweg erreichen, denn die „Storebælt Brø" zwischen Fünen und Seeland wurde eröffnet. Erst im Jahre 2000 wurde auch die Tunnel-Brücken-Verbindung über den Øresund offiziell freigegeben. Im gleichen Jahr lehnte die Mehrheit der Dänen die Einführung des Euros ab.

2001 erfolgte der Beitritt zum Schengener Abkommen.

Die Dänen sind im Irak und in Afghanistan mit von der Partie und organisieren den Wiederaufbau.

Seit 2006 lebt Dänemark unter ständiger Angst, ebenfalls Opfer eines Terroranschlages zu werden. Neben der militärischen Präsenz im Irak eskalierte der Streit um die sogenannten Mohammed-Karikaturen. Diese wurden von der dänischen Zeitung „Jyllands Posten" veröffentlicht und führten zu heftigen, teils blutigen Protesten in islamischen Ländern.

9.2 Politik

Dänemark ist eine parlamentarische Monarchie. Formal ernennt der Monarch ein Kabinett unter dem Vorsitz des Ministerpräsidenten. Das Kabinett ist dem Folketing gegenüber verantwortlich. Das Folketing besteht aus Abgeordneten, die alle vier Jahre gewählt werden. Die letzte Wahl fand im November 2007 statt. Dänischer Ministerpräsident ist Lars Løkke Rasmussen von der rechts-liberalen Venstre.

9.3 Bevölkerung

In Dänemark leben knapp 5,4 Millionen Menschen. Weit über 90 % sind dänischer Abstammung. Das Bevölkerungswachstum liegt bei 0,2 %. Die meisten Immigranten stammen aus Europa und Asien. Etwa 20 000 Menschen zählen zur deutschen Minderheit in Südjütland. Die Bewohner der Färöer-Inseln sind überwiegend norwegischer Abstammung. Die Bewohner Grönlands sind Inuiten, also eskimoischer Abstammung.

9.4 Berühmte Dänen

Es ist kaum zu glauben, aber das kleine Königreich hat eine ganze Reihe berühmter Landsleute. Besonders viele Sportler, vor allem erstklassige Fußballer, wurden in Dänemark geboren. Auch einer der berühmtesten Schriftsteller und Dichter der Welt, Hans Christian Andersen, kommt aus dem Land im Norden. Schrille Persönlichkeiten, wie etwa Brigitte Nielsen, schafften es sogar bis nach Hollywood. Hier kleine Biographien der berühmtesten Dänen:

9.4.1 Hans Christian Andersen

Der weltbekannte Schriftsteller wurde im April 1805 in Odense, als Sohn eines verarmten Schuhmachers und einer alkoholkranken Wäscherin, geboren. Im jugendlichen Alter wagte er den Weggang nach Kopenhagen und versuchte sein Glück als Schauspieler und Sänger. In dieser schweren Zeit schrieb er seine ersten Gedichte. Das gefiel dem damaligen Direktor des Königlichen Theaters in Kopenhagen, Jonas Collin, so gut, dass er sich fortan um ihn kümmerte und ihn sogar in sein Haus aufnahm.

Dort suchte Andersen die Nähe zu Collins Sohn Edvard, aber dieser erwiderte seine Annährungsversuche nicht. Ob Hans Christian Andersen nun homosexuell war, konnte nie ausgeschlossen, aber auch nie wirklich bewiesen werden.

Sein Talent war teils heftig umstritten und so bekam er schließlich Unterstützung von der Theaterdirektion und von König Friedrich VI., welche ihm ermöglichten, die Lateinschulen in Slagelse und Helsingør zu besuchen. Zu dieser Zeit schrieb er das Gedicht mit dem Titel „Das sterbende Kind". Das Gedicht handelt von einem kleinen Kind, das die Welt aus seiner Sicht beschreibt. Dieses Werk wurde weltberühmt und in vielen Sprachen veröffentlicht.

Nach der Schulzeit ging Andersen an die Universität von Kopenhagen. Während seines Studiums verliebte er sich in die Schwester eines Studienkollegen. Die Liebe blieb jedoch unerfüllt, denn Riborg Voigt war einem anderen Mann versprochen. Trotzdem schrieben sie sich Liebesbriefe, die Andersen bis zu seinem Tod aufbewahrte. Andersen kam nie über diese unerfüllte Liebe hinweg und versuchte sie zunächst in dem Märchen „Die kleine Meerjungfrau" zu verarbeiten. Dies gelang ihm aber nicht. Er begann zu reisen und besuchte Deutschland, England, Italien, Spanien und sogar das Osmanische Reich.

Im weiteren Verlauf hatte Andersen noch Kontakt zu einer ganzen Reihe berühmter Frauen wie Sophie Ørsted, die Tochter des Erfinders und Entdeckers des Elektromagnetismus, Hans Christian Ørsted. Doch er heiratete nie und drohte an der unerfüllten Liebe zu Riborg Voigt zu Grunde zu gehen.

Andere Theorien sehen gerade in der Tatsache, dass Andersen nie heiratete, einen Beweis dafür, dass er sich zu Männern hingezogen fühlte. Edvard Collin heiratete, doch er blieb bis zum Tode eng mit Andersen befreundet. Angeheizt wurde die Diskussion darüber, ob Andersen nun homosexuell sei oder nicht, mit einem Bericht von Carl Albert Hansen Fahlberg, der 1901 im „Jahrbuch für sexuelle Zwischenstufen" veröffentlicht wurde. Bis heute recherchieren und diskutieren Experten zu diesem Thema.

Im Alter von 70 Jahren starb Andersen in Kopenhagen und wurde dort auf dem „Assistens Friedhof" beigesetzt. Andersen schrieb 160 Märchen. Die berühmtesten sind „Die Prinzessin auf der Erbse", „Des Kaisers neue Kleider", „Die kleine Meerjungfrau" und „Das hässliche Entlein". Neben diesen Märchen schrieb er noch zahlreiche autobiographische Texte, Novellen, Dramen, Gedichte und Reiseberichte. Übrigens trägt der wichtigste internationale Kinderbuch-Preis seinen Namen. In Odense gibt es gleich zwei Museen, die sich mit dem berühmten Künstler beschäftigen. Daneben wurden viele seiner Werke zu Filmen, Musik- und Theateraufführungen und zu Tanzstücken umgearbeitet. In vielen Teilen Dänemarks kann man die Spuren des berühmten Dichters verfolgen. Mehr Infos dazu findet man unter www.museum-odense.dk oder unter www.visitdenmark.com.

9.4.2 Bjarne Riis

Er war der Held aller skandinavischen Radsport-Fans und scheiterte, wie fast jeder in dieser Branche, an Epo und Cortison. Bjarne Riis wurde im April 1964 im jütländischen Herning geboren. Schon in jungen Jahren begeisterte Riis sich für den Radsport und schaffte schnell den Sprung zu den Profis.

Im Jahre 1986 stieg er in den obersten Profi-Radsport ein und seither ging seine Karriere steil bergauf. Riis erlangte immer mehr Aufmerksamkeit, besonders bei der Tour de France. 1993 wurde er Fünfter und 1995 schaffte er sogar den dritten Platz. Dänemark und ganz Skandinavien standen Kopf. Riis wurde zum Held des ganzen Landes und er wollte mehr – endlich den Sieg der Tour de France. So wechselte er 1996 zum Team Telekom und machte seinen Traum wahr. Er gewann noch im gleichen Jahr das bekannteste Radrennen der Welt.

Doch so ehrgeizig er auch trainierte, ein zweiter Gewinn der Tour de France blieb ihm verwehrt. Dafür erreichte er weitere Titel, gewann die „Amstel Gold Race", wurde Siebter, als sein Teamkollege Jan Ullrich die Tour gewann und erlangte vier Etappensiege. Beim Giro d´Italia gelangen ihm zwei Tagessiege. Seine Karriere nahm ein vorzeitiges Aus, als Riis bei der Tour de Suisse, im Jahre 1999, schwer stürzte. Von diesem Unfall erholte er sich nie und beendete schließlich im Jahre 2000 seine Karriere als Fahrer.

Leider wurde Riis' Karriere von ständigen Dopingvorwürfen überschattet. Immer mehr seiner Kollegen und auch ein Masseur beschuldigten Riis massiv und warfen ihm vor, jahrelang mit Epo und Cortison gedopt zu haben, was er selbst aber immer bestritt. Im Jahre 2007 lud er dann überraschend zu einer Pressekonferenz nach Kopenhagen und gab öffentlich zu, von 1993 bis 1998 Epo und Cortison zu sich genommen zu haben, um seine körperliche Leistung zu steigern. Somit stand nun fest, dass er auch während der Tour de France, die er gewann, gedopt war. Sein Geständnis kam nach Ablauf der achtjährigen Frist, so dass man ihm den Tour-Gewinn nicht mehr aberkennen konnte. Jedoch strich man ihn offiziell aus der Siegerliste. Trotz aller Dopinggeständnisse ist und bleibt Bjarne Riis beliebt und ist in Skandinavien weiter ein Held. Die schwedische Musikgruppe „Koop" veröffentlichte auf dem Album „Soons of Koop" das Lied „Bjarne Riis". Heute ist der ehemalige Radprofi sportlicher Leiter des Teams CSC.

9.4.3 Brigitte Nielsen

Brigitte Nielsen ist wohl die schrillste Persönlichkeit Dänemarks. Im Gegensatz zu Riis ist Nielsen vielen Dänen ein echter Dorn im Auge. Die Dänen finden ihre Auftritte peinlich und halten sie für dumm. Manche sind froh, wenn ihre Herkunft nicht erwähnt wird, und dies, obwohl sie mit Sylvester Stallone verheiratet war und mit dem amerikanischen Präsidenten-Paar Reagan befreundet ist. Brigitte Nielsen wurde 1963 in Rødovre geboren und heißt mit bürgerlichem Namen Gitte Nielsen. Ihre Karriere begann erst, als sie Dänemark 1979 mit dem Traum, Fotomodell zu werden, verließ. Dieser erfüllte sich dann schließlich in Italien, wo Nielsen unter anderem für Armani, Ferré und Versace arbeitete. Dort entdeckte sie der Regisseur Dino de Laurentiis und nahm sie unter Vertrag. Zu dieser Zeit war sie mit Kaspar Winding verheiratet. Aus dieser Ehe ging ein Sohn hervor.

Es folgte der erste Film mit Arnold Schwarzenegger mit dem Titel „Red Sonja". Fortan ging es bergauf mit der flotten Dänin. Schließlich bekam sie die Rolle in „Rocky IV – Der Kampf des Jahrhunderts" und verliebte sich in den Hauptdarsteller Sylvester Stallone, mit dem sie von 1985 bis 1987 verheiratet war. Für ihre ersten beiden Filme verlieh man ihr die „Goldene Himbeere". 1986 spielte sie im Film „City Cobra" noch einmal gemeinsam mit ihrem Ehemann. Erst nach ihrer Scheidung bekam sie ihre erste Hauptrolle in dem Film „Domino sucht Liebe" und nahm gemeinsam mit der Rock-Legende Falco die Single „Body next to Body" auf. Danach blieb Nielsen vorwiegend durch peinliche Fernsehauftritte im Gespräch. Sie bekam große Probleme mit Drogen und Alkohol und scheute auch nicht davor zurück, sich in peinlichster Weise betrunken in der Öffentlichkeit zu zeigen. Ihre Karriere litt darunter. Sie heiratete in dritter Ehe Sebastian Copeland. Doch auch dieses Glück hielt nicht lange an. Auch der vierte Versuch mit dem Rennfahrer Raoul Meyer-Ortolani scheiterte, obwohl aus dieser Beziehung zwei Söhne hervorgingen. Danach folgten verschiedene Verlobungen und Liebschaften, unter anderem mit Flavor Flav von Public Enemy und dem Football-Star Mark Gastineau, von dem sie einen weiteren Sohn bekam. Die Skandal-Dänin schreckte auch vor einer fünften Ehe nicht zurück und gab dem 14 Jahre jüngeren Model Mattia Dessi 2006 das Ja-Wort. Der krönende Abschluss und die wohl größte Peinlichkeit war eine RTL-Produktion mit dem Titel „Aus alt mach neu – Brigitte Nielsen in der Promi Beauty Klinik". Vor laufender Kamera unterzog sie sich mehreren schönheitschirurgischen Eingriffen.

9.4.4 Laid Back

„Sunshine Reggae" war einer der größten Hits der 80er Jahre. Kaum einer wusste, dass sich hinter dem Pop-Duo Laid Back der dänische Gitarrist John Guldberg und der dänische Keyboarder Tim Stahl verbargen. Der typische „Synthesizer-Pop" wurde bis in die USA bekannt und die beiden Dänen schafften sogar eine gemeinsame Song-Veröffentlichung mit Prince. Auch wenn es um das Pop-Duo wieder ruhiger wurde – von der Bildfläche verschwanden sie nie, sondern entwickelten sich ohne Skandale zu professionellen Musikern. Für den Soundtrack zu dem Spielfilm

„Flyvende Farmor" wurden sie mit dem „Robert" ausgezeichnet, einem der renommiertesten Filmpreise Dänemarks.

9.4.5 Olsen Brothers

Die Brüder Jørgen (*1950) und Noller (*1954) Olsen sind, dank des Gewinns des Eurovision Song Contest im Jahre 2000 in Stockholm, auch in Deutschland bekannt. Mit dem Gewinner-Titel „Fly on the wings of Love" landeten sie den ersten großen internationalen Hit. Ihre Laufbahn begann allerdings schon 1965 mit der Gründung der Band „The Kids". Zwei Jahre später veröffentlichten sie ihre erste Single und spielten als Vorgruppe der „Kinks" in Kopenhagen. Sie veröffentlichten im Laufe ihrer Karriere zwölf Alben und gingen in den 70er Jahren mit dem dänischen Ensemble von „Hair" in Skandinavien auf Tournee.

9.4.6 Lars von Trier

Nur wenige Leute wissen, dass sich hinter dem berühmten Regisseur ein dänischer Staatsbürger verbirgt. Lars von Trier wurde 1956 in Kopenhagen unter dem Namen Lars Holbæk Trier, als Sohn eines Beamtenpaares, geboren. Er hatte eine schwere Kindheit und litt sehr unter seiner Mutter, die keine Emotionen und keinen religiösen Glauben zuließ. Daraus entwickelten sich Phobien und von Trier musste schon während seiner Jugend ein Tagesheilungszentrum besuchen. Trotzdem bekam er im Alter von 12 Jahren seine erste Rolle in einer dänischen Kinderfernsehserie und beendete die Schule mit einer Hochschulzulassung. Er begann ein Studium der Filmwissenschaften an der Universität von Kopenhagen und bekam für seine Abschlussarbeit „Images of Relief" den Preis des Münchener Filmfestivals. Dann drehte er unzählige Werbespots und den Film „Element of Crime". Das Werk erhielt den „Prix Vulcain de l'artiste technicien" in Cannes und Lars von Trier schaffte somit den internationalen Durchbruch.

1992 gründete der Regisseur die unkonventionelle Filmproduktions-Firma „Zentropa". Diese erhielt den „Douglas-Sirk-Preis" und ist heute die erfolgreichste und auch die größte dänische Filmproduktionsstätte. Ein weiterer Durchbruch war die Produktion der TV-Serie „Hospital der Geister", die im größten dänischen Ringhospital spielt. Im Jahre 2000 erhielt er die Goldene Palme in Cannes für das Musical „Dancer in the Dark" mit Björk in der Hauptrolle.

Seine Karriere in den USA begann mit seinem Werk „Dogville". Aufgrund seiner extremen Flugangst hat Lars von Trier die USA nie besucht. Das belächelt er nur und gab schlagfertig, mit einer Anspielung auf den Film „Casablanca", zurück, dass die Amerikaner ja auch nie in Marokko gewesen seien.

In Deutschland scheiterte Lars von Trier dagegen am „Ring der Nibelungen". Trotz einer langen Vorbereitungszeit gelang es ihm nicht, das Stück für die Richard-Wagner-Festspiele 2006 in Bayreuth zu inszenieren. Dies begründete er damit, dass die Spielzeit von 16 Stunden seine Kräfte bei weitem überstiegen hätte.

Lars von Trier ist sehr engagiert. Er ist an der Firma „Innocent Picture" beteiligt. Dieses dänische Unternehmen kümmert sich darum, dass Pornofilme frauenfreundlich und von Regisseurinnen gedreht werden.

9.4.7 Gitte

Der bekannteste dänische Musik-Export ist die Sängerin und Schauspielerin Gitte Hænning. Die Künstlerin wurde 1946 in Århus geboren und sang schon im zarten Alter von acht Jahren, gemeinsam mit ihrem Vater, im dänischen Fernsehen. Damit war sie so erfolgreich, dass weitere Auftritte folgten, sie ihre ersten Filmrollen bekam und sogar in Musicals mitwirkte. Bald war sie der berühmteste Kinderstar Skandinaviens.

In den 60er Jahren konzentrierte sie sich auf ihre Sangeskarriere und landete in Schweden und in Dänemark einen Nummer-1-Hit nach dem anderen. 1963 gewann sie die „Deutschen Schlager Festspiele" in Baden-Baden mit dem Titel „Ich will ´nen Cowboy als Mann". Das war auch ihr erster Nummer-1-Hit in Deutschland. Danach trat sie meistens im Duo, gemeinsam mit Rex Gildo, auf. 1973 trat sie dann mit dem Lied „Junger Tag“ für Deutschland beim Eurovision Song Contest auf und landete auf dem achten Rang. Bis 1980 veröffentlichte sie immer wieder Alben und ihre Lieder waren in den Hitparaden platziert.

In Deutschland wurde sie mehr und mehr zum Showstar.

In den 80er Jahren vollzog Gitte einen Imagewechsel und begann, ernsthaftere und nachdenklichere Lieder zu singen. Ihre Songs „Freu Dich bloß nicht zu früh“, „Etwas ist geschehen“ und „Ich will alles“ kamen besonders bei den Frauen gut an und ab sofort galt Gitte als emanzipierte Frau und nicht mehr als das Schlagersternchen. Später etablierte sie sich als Jazz-Sängerin und ging mit dem „In Jazz“-Programm auf Tournee. Noch heute tourt Gitte sehr erfolgreich durchs Land und mittlerweile gibt es einen Dokumentarfilm über ihr Leben. Neben ihrem Erfolg als Sängerin spielte Gitte in vielen Filmen mit, wie zum Beispiel „Liebesgrüße aus Tirol“. An der Seite von Kommissar Kressin bekam sie sogar eine Rolle im „Tatort“.

Von Radio Luxemburg erhielt sie den Bronzenen, den Silbernen, den Goldenen und sogar den Ehren-Löwen. 1981, 1982, 1983 und 1989 erhielt sie die Goldene Stimmgabel und 2004 sogar den Platin-Sonderpreis der Goldenen Stimmgabel.

Ihre Ehe mit ihrem Manager Jo Geistler wurde schon nach zwei Jahren wieder geschieden. Danach hatte sie mehrere Liaisons, doch eine ernsthafte und stetige Beziehung entwickelte sich nie. Gitte blieb kinderlos und lebt heute in ihrer Wahlheimat Berlin.

9.4.8 Morten Olsen

Der dänische Fußball-Profi ist in Deutschland und in Dänemark sehr beliebt. Er wurde 1949 in Vordingborg geboren und begann seine Fußball-Karriere in Belgien. Dort gewann er 1983 den UEFA-Cup mit dem RSC Anderlecht. Durch seine ausgezeichnete Leistung als Libero der dänischen National-Elf wurde Olsen weltberühmt. Mit seiner Ruhe und mit seinen Fähigkeiten als Spielmacher führte er als Kapitän die dänische Nationalelf ins Halbfinale der Fußball-Europa-Meisterschaft 1984 in Frankreich.

1986, bei der Fußball-Weltmeisterschaft in Mexiko, besiegten die Wikinger dann die deutsche Elf in einem Vorrundenspiel mit 2:0. In diesem Jahr wechselte Morten Olsen zum 1. FC Köln. Er war bei seinem Debüt in der Fußball-Bundesliga schon 37 Jahre alt. Doch das tat seiner Karriere keinen Abbruch. 1988 führte er erneut als Kapitän die dänische Nationalelf zur Fußball-Europameisterschaft nach Deutschland. Doch der Erfolg blieb, mit drei Niederlagen in den Vorrundenspielen, aus und Morten Olsen verabschiedete sich aus der Nationalelf. Er spielte unter Daum noch drei weitere Jahre in Köln und wurde sogar noch einmal Vizemeister. 1989 beendete er, im Alter von fast 40 Jahren, seine Laufbahn in der Domstadt. Danach folgten diverse Trainerstationen unter anderem beim 1. FC Köln, Ajax Amsterdam und der dänischen Nationalelf.

9.4.9 Brian Laudrup

Der dänische Fußballer wurde 1969, als Sohn eines Fußball-Profis, in Wien geboren. 1986 begann er seine Karriere bei Brøndby IF und wechselte 1989 in die Fußball-Bundesliga zu Bayer Uerdingen. 1990 gelang ihm der Einstieg beim FC Bayern München und im weiteren Verlauf spielte er für den AC Florenz, den AC Mailand, die Glasgow Rangers, dem FC Chelsea, dem FC Kopenhagen und schließlich für Ajax Amsterdam. 1987, 1988, 1994, 1995, 1996 und 1997 erlangte er mit verschiedenen Vereinen den Meistertitel. Er war 1989, 1992, 1995 und 1997 dänischer und 1995 und 1997 schottischer Fußballer des Jahres. Sein größter Erfolg war aber der Gewinn der Fußball-Europameisterschaft 1992 mit dem Finalsieg über Deutschland.

9.4.10 Michael Laudrup

Brian Laudrups Bruder Michael war nicht weniger erfolgreich. Der Stürmer wurde 1964 in Kopenhagen geboren und startete seine Karriere ebenfalls bei Brøndby IF. In seiner ersten Profi-Saison schoss er in 24 Spielen 15 Tore und machte schnell auf sich aufmerksam. Schon kurze Zeit später wechselte er zu Juventus Turin und wurde an Lazio Rom ausgeliehen, da Turin schon zu viele ausländische Spieler verpflichtet hatte. Er schoss Tore wie am Fließband und bewahrte Rom vor dem Abstieg. Dann ging er zu Juventus zurück, wurde italienischer Meister und gewann auch noch den Weltpokal.

1989 wechselte er zum FC Barcelona und gewann die Champions League. Es folgte ein weiterer Wechsel zu Real Madrid. Mit diesen Vereinen wurde Laudrup fünfmal spanischer Meister. Zwischenzeitlich ging er nach Japan und kehrte 1997 nach Europa zurück, um sein Glück bei Ajax Amsterdam zu versuchen. Er gewann hier noch einmal die niederländische Meisterschaft und den Pokal.

Michael Laudrup wurde 1982, 1983, 1984 und 1985 dänischer Fußballer des Jahres. 1992 und 1993 wurde er zum besten Spieler der „Primera División" ausgezeichnet und erhielt in Spanien die Auszeichnung zum besten ausländischen Spieler der letzten 25 Jahre. 2006 wurde er in Dänemark zum besten dänischen Spieler aller Zeiten gewählt. Er durchlief noch mehrere Trainerstationen, unter anderem beim FC Getafe, bei Brøndby IF und bei der dänischen National-Elf.

9.4.11 Allan Simonsen

Das erste dänische Fußball-Talent in der Fußball-Bundesliga war Allan Simonsen. Der Stürmer wurde 1952 im jütländischen Vejle geboren und erlangte, als Profi bei Borussia Mönchengladbach, Weltruhm. Er war neben Heynckes und Vogts der Star der legendären 70er-Fohlentruppe und führte den Verein zu zahlreichen Titeln.

Mit der dänischen Nationalelf schaffte er die Qualifikation zur Europameisterschaft 1984 in Frankreich. Leider endete dort auch seine Fußball-Karriere abrupt. Beim Eröffnungsspiel gegen Frankreich brach sich der Kapitän ein Bein und musste sich aus dem aktiven Bereich verabschieden. Danach arbeitete er als Trainer für die Färöer-Inseln und Luxemburg. 1977 wurde der kleine Däne Europas Fußballer des Jahres. Heute ist Allan Simonsen nicht mehr tätig und lebt zurückgezogen in Spanien.

9.4.12 Henning Jensen

Neben Allan Simonsen gehörte Henning Jensen zur legendären Fohlenelf von Borussia Mönchengladbach. Der Mittelstürmer wurde 1949 in Nørresundby geboren und startete dort seine Karriere. Er wechselte in die Bundesliga und holte zahlreiche Titel mit Borussia Mönchengladbach. Später spielte er gemeinsam mit Paul Breitner bei Real Madrid und wurde spanischer Meister. Es folgte noch eine Spielstation in Amsterdam, bevor er in den 80er Jahren zu seinem Heimatverein zurückkehrte und dort seine Karriere beendete. Er spielte 22 Spiele für die dänische Nationalelf, allerdings zu ihren glanzlosen Zeiten.

9.4.13 Peter Schmeichel

Der dänische Torwart wurde 1963 in Gladsaxe geboren und ist durch seine Talente als Stürmer und Torschütze berühmt geworden! Er spielte unter anderem für Gladsaxe, Hvidovre, Brøndby IF, Manchester United, Sporting Lissabon, Aston Villa und Manchester City. Schmeichel ist auf der ganzen Welt der einzige Torhüter, der aus dem laufenden Spiel heraus zwei Tore erzielte. Ein Tor von Schmeichel wurde wegen Abseits nicht anerkannt. Dieser Vorfall blieb bis heute einzigartig. 1987, 1988, 1990 und 1991 war er dänischer Meister und 1989 dänischer Pokalsieger. Er gewann 1993, 1994, 1996, 1997 und 1999 die englische Meisterschaft und 1994, 1996, und 1999 den englischen Pokal.

2000 wurde er portugiesischer Meister, 1999 Champions League Gewinner und 1992 mit der dänischen Nationalelf Europameister. Er wurde 1992 und 1993 zum Welttorhüter des Jahres gewählt und wurde von der UEFA mit dem Titel „UEFA Club Football Awards“ 1998 zum Torhüter des Jahres ausgezeichnet.

9.4.14 Ebbe Sand

Der letzte große dänische Star der Fußball-Bundesliga war in jüngster Zeit Ebbe Sand. Der 1972 in Ålborg geborene Mittelstürmer begann seine Profi-Karriere bei Brøndby und wechselte 1999 zum FC Schalke 04. Die Ablösesumme lag damals bei 10 Millionen Mark und war für den Bundesligisten ein erfolgreicher Einkauf. Sand war schnell in der gesamten Liga bekannt und machte sich mit seiner Verbundenheit zum Verein und vor allen Dingen durch seine große Fairness einen Namen. Ebbe Sand wurde während seiner Zeit in der Bundesliga nie vom Platz gestellt. Er gilt als der fairste Spieler der Welt.

Neben seiner Fußball-Karriere absolvierte Sand ein Universitätsstudium als Bauingenieur. Privat hatte der sympathische Däne oft mit schweren Schicksalsschlägen zu kämpfen. 2004 erkrankte er an einer schweren Hirnhautentzündung und war lange Zeit nicht in der Lage zu trainieren oder gar zu spielen. Er hütete zunächst die Ersatzbank und kehrte nur langsam zur Mannschaft zurück. Obwohl er auch noch seinen Stammplatz verlor, wurde er von seinen Mannschaftkameraden zum Kapitän gewählt.

Schon im Sommer 1998 hatte Ebbe Sand eine schwere Zeit zu überstehen. Die Ärzte diagnostizierten, kurz vor der Weltmeisterschaft, Hodenkrebs und rieten zu einer schnellen Operation. Sand aber wollte in keinem Fall die dänische Mannschaft alleine nach Frankreich fahren lassen und verschob die Operation. Gegen Nigeria schoss er dann nach nur 16 Sekunden das schnellste Tor jener Weltmeisterschaft.

Er besiegte den Krebs und beendete 2006 seine Karriere. Zu diesem Anlass kamen über 60.000 Zuschauer in die Schalke-Arena und verabschiedeten Ihren Liebling. Er wurde zweimal dänischer Pokalsieger und dreimal dänischer Meister. Den deutschen Pokal gewann er 2001 und 2002. Er war Torschützenkönig der Bundesliga 2001 und wurde 1998 und 2001 zum Fußballer des Jahres in Dänemark gekürt.

9.5 Danebrog

Die dänische Fahne wird als Danebrog bezeichnet. Wörtlich übersetzt heißt die Flagge „altdänisches Tuch“. Sie ist eine Fahne im typisch skandinavischen Stil, also eine so genannte Kreuzflagge.

Wahrscheinlich ist der Danebrog die älteste Nationalflagge der Welt, die seit der Einführung unverändert blieb. Das Kreuz kennzeichnet den christlichen Glauben und die Farbe Rot galt als Erkennungsmerkmal der Wikinger.

Der Sage nach fiel die Flagge 1219 einfach vom Himmel. Bis heute ist die Fahne allgegenwärtig. Auch Neu-Dänen werden täglich mit dem Danebrog konfrontiert. Ein Fahnenmast gehört zur Grundausstattung dänischer Häuser. Darüber hinaus besitzt jeder Däne ein Dutzend kleiner Danebrogs, aus Plastik oder Papier. Diese werden zur Dekoration von Gärten und Häusern benutzt. Egal, ob Geburtstag, Hochzeit, Einschulung, Pensionierung, Taufe, Konfirmation etc. – die Fahne wird schon in den frühen Morgenstunden gehisst und erst um Mitternacht wieder eingeholt.

Auswanderer hissen an Festtagen eine deutsche und eine dänische Flagge. Allerdings sollte die dänische Fahne größer sein und oberhalb der deutschen Fahne wehen. Bedenken Sie, dass es offiziell verboten ist, auf dänischem Boden eine deutsche Flagge zu hissen. Im Zweifelsfall sollten Sie sich mit Ihren Nachbarn absprechen und dann individuell entscheiden. An offiziellen Flaggtagen wird natürlich nur eine dänische Flagge aufgezogen.

9.6 Flaggtage

An folgenden Tagen wird der Danebrog an allen öffentlichen Gebäuden und auch bei vielen Privatleuten aufgezogen:

- Januar/Neujahr
- 5. Februar: Geburtstag Kronprinzessin Mary
- 28. März: Geburtstag von Königinmutter Ingrid
- Karfreitag (Langfredag)

- Ostersonntag (Påskedag)
- 9. April: Tag der Besetzung (Danmarks besættelse 1940)
- 16. April: Königinnentag (Dronning Margrethe II.)
- 29. April: Geburtstag Prinzessin Benedikte
- Christi Himmelfahrt (Kristi Himmelfartsdag)
- 5. Mai: Tag der Befreiung (Danmarks befrielse 1945)
- Pfingstsonntag (Pinsedag)
- 26. Mai: Geburtstag Kronprinz Frederik
- 5. Juni: Verfassungstag (Grundlovsdag)
- 7. Juni: Geburtstag Prinz Joachim
- 11. Juni: Geburtstag Prinz Henrik
- 15. Juni: Valdemarsdag
- 30. Juni: Geburtstag Prinzessin Alexandra
- 1. Weihnachtstag (Juledag)

Neben den zivilen Flaggtagen gibt es noch die militärischen Flaggtage. An folgenden Tagen weht der Danebrog an allen militärischen Einrichtungen:

- 29. Januar: Holmens Hæderstegn
- 2. Februar: Kampf bei Mysunde 1864
- 11. Februar: Sturm auf Kopenhagen 1659
- 2. April: Schlacht auf der Kopenhagener Reede 1801
- 18. April: Kampf bei Düppel 1864
- 9. Mai: Schlacht bei Helgoland 1864
- 1. Juli: Schlacht in der Køge Bucht 1677
- 6. Juli: Schlacht bei Fredericia 1848
- 25. Juli: Schlacht bei Isted 1850
- 4. Oktober: Sturm auf Frederiksstad 1850

9.7 Nationalhymne

Die Dänen besitzen zwei Nationalhymnen. Die Königshymne mit dem Titel „Kong Kristian" ist die Hymne des Dänischen Königshauses. Sie wird immer dann gespielt, wenn Mitglieder der königlichen Familie oder der dänischen Regierung anwesend sind.

Die bürgerliche Hymne trägt den Titel „Der er et yndigt land", was so viel heißt wie „Es gibt ein liebliches Land". Die bürgerliche Hymne ist gleichzeitig auch die dänische Landeshymne. 1819 wurde der Hymnentext von Adam Oehlenschläger geschrieben. Erst im Jahre 1835 komponierte Ernst Krøyer die Musik dazu. Der Text basiert auf dem Gedicht „Fædrelands-Sang".

9.7.1 Die Königliche Hymne

Kong Kristian stod ved Højen mast
I røg og damp;
Hans værge hamrede så fast,
At gotens hjelm og hjerte brast.
Da sank hvert fjendtligt spejl og mast
I røg og damp.
Fly, skreg de, fly, hvad flygte kan!
Hvo står for Danmarks Kristian
Hvo står for Danmarks Kristian
I kamp?

Niels Juel gav agt på stormens brag.
Nu er det tid.
Han hejsede det røde flag
Og slog på fjenden slag i slag.
Da skreg de Højt blandt stormens brag:
Nu er det tid!
Fly, skreg de, hver, som ved et skjul!
Hvo kan bestå mod Danmarks Juel
Hvo kan bestå mod Danmarks Juel
I strid?

O, Nordhav! Glimt af Wessel brød
Din mørke sky.

Da ty´de kæmper til dit skød;
Thi med ham lynte skræk og død.
Fra vallen hørtes vrål, som brød
Den tykke sky.
Fra Danmark lyner Tordenskjold;
Hver give sig i himlens vold
Hver give sig i himlens vold
Og fly!

Du danskes vej til ros og magt,
Sortladne hav!
Modtag din ven, som uforsagt
Tør møde faren med foragt
Så stolt som du mod stormens magt,
Sortladne hav!
Og rask igennem larm og spil
Og kamp og seger før mig til
Og kamp og seger før mig til
Min grav!

9.7.2 Englische Übersetzung der Königlichen Hymne

King Kristian stood by the lofty mast
In mist and smoke;
His sword was hammering so fast,
Trough Gothic helm and brain it passed;
Then sank each hostile hulk and mast,
In mist and smoke.
Fly! Shouted they fly, he who can!
Who braves of Denmark´s Kristian,
Who braves of Denmark´s Kristian,
The stroke?

Niels Juel gave heed to the tempest´s roar,
Now is the hour!

*He hoisted his blood-red flag once more,
And smote upon the foe full sore,
And shouted loud, through the tempest´s roar,
Now is the hour!
Fly! Shouted they, for shelter fly!
Of Denmark´s Juel who can defy
Of Denmark´s Juel who can defy,
The Power?*

*North Sea! A glimpse of Wessel rent
Thy murky sky!
Then champions to thine arms were sent;
Terror and death glared where we went;
From the waves was heard a wail, that rent
Thy murky sky!
From Denmark´s thunders Tordenskiol
Let each to heaven commend his soul,
Let each to heaven commend his soul,
And fly!*

*Path of the Dane to fame and might!
Dark-rolling wave!
Receive thy friend, who scorning flight,
Goes to meet danger with despite,
Proudly as thou the tempest´s might,
Dark- rolling wave!
And amid pleasure and alarms
And war and victory be thine arms
And war and victory be thine arms
My grave!*

9.7.3 Die Bürgerliche Hymne

*Der er et yndigt land,
Det står med brege bøge*

Nær salten østerstrand
Det bugter sig i bakke dal
Det hedder gamle Danmark
Og det er Frejas sal
Og det er Frejas sal

Der sad i fordums tid
De harniskklædte kæmper,
Udhvilde fra strid,
Så drog de frem til fjenders men,
Nu hvile deres bene
Bag højens bautasten!
Bag højens bautasten!

Det land endnu er skønt,
Ti blå sig søen bælter,
Og løvet står så grønt,
Og ædle kvinder, skønne mø´r
Og mænd og raske svende
Bebo de danske øer,
Bebo de danske øer.

Hil drot og fædreland!
Hil hver en danneborger,
Som virker, hvad han kan!
Vort gamle Danmark skal bestå,
Så længe bøgen blå,
Så længe bøgen blå.

9.7.4 Deutsche Übersetzung der Bürgerlichen Hymne

Es liegt ein liebliches Land,
im Schatten breiter Buchen,
am salzigen Ostseestrand,
an hügeligen Wellen träumt es im Tal,

Altes Dänemark, so heißt es
Und ist der Freja Saal
Und ist der Freja Saal.

Dort saßen in der Vorzeit
Die behelmten Kämpfer,
und ruhten sich vom Streite aus,
dann wehrten sie die Feinde ab,
nun ruht ihr Gebein
drüben bei dem Hügelgrab
drüben bei dem Hügelgrab.

Oh ja, das Land ist schön!
So blau die See des Beltes.
Das Laub es grünt hier grün,
Schöne Mütter, edle Frauen,
Männer und gescheite Knaben,
Bewohner unserer Inseln Auen
Bewohner unserer Inseln Auen.

Für Krone und das Vaterland!
Für jeden einzelnen Bürger,
Der arbeitet, was er kann!
Unser altes Dänemark für immer
Solange die Buche spiegelt
Ihre Krone im blauen Wasser,
Ihre Krone im blauen Wasser.

9.8 Geografie

Dänemark liegt in Nordeuropa. Es ist das kleinste Land Skandinaviens. Im Süden grenzt Dänemark an Deutschland. Im Norden wird das Königreich vom Skagerrak umspült und im Westen von der Nordsee. Der Osten des Landes liegt am Øresund.

Dänemark liegt zwischen dem 54° 34`und dem 57° 45` nördlicher Breite und zwischen dem 8° 5`und 12° 35´östlicher Länge. Es besteht aus dem Festlandteil Jütland und etwa 450 Inseln. Die größten Inseln sind Seeland, Fünen, Lolland, Falster und Bornholm. Die Luftlinie beträgt ungefähr 350 km. Dänemarks Küstenlinie ist 7300 km lang. 5000 Kilometer davon sind Badestrände. Die Gesamtfläche des skandinavischen Landes beträgt 43094 qkm.

Kopenhagen ist seit mehr als 600 Jahren die Hauptstadt. Mit 1,4 Millionen Einwohnern ist Kopenhagen auch gleichzeitig die größte Stadt des Landes. An Stelle 2 bis 5 folgen Århus, Odense, Aalborg und Esbjerg.

Zu Dänemark gehören die teilautonomen Gebiete Grönland und die Färöer-Inseln. Die Färöer-Inseln haben eine Gesamtfläche von 1398 qkm und bestehen aus 18 Inseln, von denen eine unbewohnt ist. Die Hauptstadt ist Torshavn.

Grönland ist 2166086 qkm groß und damit die größte Insel der Erde. 410449 qkm und somit etwa 19 % sind eisfrei. Die Hauptstadt Nuuk zählt gerade mal 14715 Einwohner.

9.9 Klima und Wetter

Klimatechnisch liegt Dänemark in der temperierten Zone, d. h., dass die Sommer mäßig warm sind und die Winter mild. Doch auch in Dänemark macht sich der Klimawandel immer deutlicher bemerkbar. In den letzten Jahren sind die Herbst- und Frühjahrsstürme immer heftiger geworden und wandeln sich häufig zu Orkanen. Dabei werden die Küsten oft von einer Sturmflut heimgesucht und es kommt zu Überschwemmungen.

In den Wintermonaten hat die Niederschlagsmenge stets zugenommen. Das macht der Landwirtschaft schwer zu schaffen, da die Felder bis in den späten Frühling hinein unter Wasser stehen. 2007 und 2010 gab es Orkantiefe mit polarer Kaltluft. Die legten das Land für Wochen unter eine dicke Schneedecke. Zahlreiche Ortschaften waren tagelang von der

Außenwelt abgeschnitten. Im Jahre 2010 lag in einigen Teilen Jütlands bis in den Mai hinein Schnee.

Die Sommer werden gerade in jüngster Zeit immer wärmer. Die Dänen können sich an dieses heiße Klima nur schwer gewöhnen. Sobald die Temperaturen über 30°C steigen, kommt das öffentliche Leben zum Erliegen. Daher werden immer mehr öffentliche Gebäude mit einer Klimaanlage ausgestattet.

Normalerweise bleibt das Wetter nicht lange beständig, da Dänemark für seine häufigen und schnellen Wetterwechsel bekannt ist. Aktuelle Wetterdaten kann man im Internet unter www.ipicture.de abrufen. Regionale Vorhersagen gibt es unter www.visitdenmark.de.

9.10 Lichtverhältnisse

Wie in allen Ländern Nordeuropas kommt es auch in Dänemark zu extremen Lichtveränderungen. Daran können sich Einwanderer aus Mittel- und Westeuropa nur schwer gewöhnen. Die Sommernächte sind lang und hell. Im Winter sind die Tage extrem kurz. Anfang August beginnen mit dem „De lyse nætter slutter" die kürzeren Tage. Ab diesem Zeitpunkt werden die Nächte länger und länger. Der kürzeste Tag ist der 21. Dezember. In dieser Zeit geht die Sonne erst gegen 8.45 Uhr auf. Sonnenuntergang ist gegen 15.30 Uhr. Bei trüber Witterung tritt die Dämmerung schon kurz nach Mittag ein. Richtig hell wird es an diesen Tagen nicht. In den Wintermonaten lässt sich die Sonne nur selten blicken. In dieser Zeit machen viele Dänen Urlaub im Süden und in den Sonnenstudios kommt es zu Wartezeiten.

Dank der Sonneneinstrahlung ist der März aber schon deutlich heller als in Deutschland. Im April kann es bei guter Witterung schon bis 21.00 Uhr hell bleiben. Anfang Mai beginnen dann mit „De lyse nætter begynder" die ganz langen Tage. Dann geht die Sonne schon gegen 5.30 Uhr auf und erst gegen 20.30 Uhr unter. Bei sonnigem Wetter bleibt es aber noch viel länger hell und die Nächte sind extrem kurz. Der längste Tag des Jahres ist „Sankt Hans Aften" am 23. Juni. Rund um dieses Datum wird es nicht wirklich dunkel. Man kann um Mitternacht bequem draußen ein Buch lesen, ohne eine Lampe zu benutzen.

9.11 Religion

Die Religion ist in der Verfassung verankert. Der Staat unterstützt einzig die Evangelisch-Lutherische Volkskirche. Diese ist mit 85 % Anhängern auch die größte Glaubensgemeinschaft des Landes. Dahinter folgen Katholiken mit ca. 35.000 Anhängern, Zeugen Jehovas mit ca. 15.000 Gläubigen und rund 3.000 Juden. In Kopenhagen und in Nordschleswig existieren einige wenige deutschsprachige Glaubensgemeinden. Die Römisch-katholische Kirche versorgt ihre Mitglieder mit kirchlicher Betreuung. Die wenigen katholischen Kirchen sind im ganzen Land verteilt.

10. Kapitel:

SPRACHE

10.1 Allgemeiner Überblick

Die Amtssprache ist Dänisch. In Nordschleswig wird auch Deutsch gesprochen. In vielen Gebieten Südjütlands ist die Schulsprache Deutsch. Dänisch gehört zu den germanischen Sprachen. Auf den Färöer-Inseln wird Færøisch und in Grönland Inuit gesprochen.

Wer nach Dänemark auswandert, sollte zumindest über gute Englisch-Kenntnisse verfügen. Es ist nicht wirklich notwendig, vor der Auswanderung Dänisch zu lernen. Wer es trotzdem tun will, muss mit hohen Kosten rechnen. Ein kompakter Dänisch-Kurs in Deutschland kostet bei privaten Instituten ab ca. 600 Euro. Einzelunterricht gibt es ab 1000 Euro.

Preiswertere Kurse bietet die Volkshochschule an; diese Kurse werden jedoch nicht flächendeckend angeboten: www.vhs.de.

Im norddeutschen Raum werden eine ganze Reihe Dänisch-Kurse angeboten. Eine Liste ist beim Projektbüro Gramark Flensburg, Tel.: +49 461 500 84 25, Fax: +49 461 500 89 035 oder im Internet unter www.gramark.de erhältlich.

Arbeitslose, die mit dem Gedanken spielen, nach Dänemark auszuwandern, sollten sich an den zuständigen Sachbearbeiter des Arbeitsamtes wenden. In bestimmten Fällen werden die Sprachkurse finanziert. Weitere Auskünfte erteilt die Auslandsvermittlung unter www.ba-auslandsvermittlung.de.

10.2 Sprachangebote online

Es gibt eine ganze Reihe guter Online-Angebote, die vom einfachen „Reinschnuppern" in die Sprache bis hin zu professionell geführten Kursen alles anbieten:

- www.danskabc.dk
- www.irsam.dk
- www.speakdanish.dk
- www.eulanguages.net
- www.danish-online.com
- www.fjern-uv.dk
- www.vfs.danks.nu
- www.nyidanmark.dk
- www.talmed.dk

10.3 Bücher

Wer lieber aus Büchern lernt, der findet auch hier eine große Auswahl an Lernprogrammen. Langenscheidt bietet neben einer Reihe Wörterbüchern auch einen Standardkurs für Anfänger und praktische Lehrbücher an. Mehr Infos dazu gibt es unter www.langenscheidt.de.

Sehr gute Lehrbücher für Anfänger sind:

- „Begynderdansk1" aus dem Sprogcentret Forlag, ISBN 87-89440-06-4
- „Dansk over alle grænser" aus dem Special-Pædagogisk Forlag, ISBN 87 7399 489 8
- „Taleserie 1, Familie Jensens Hverdag" aus dem ALFABETA Verlag, ISBN 978-87-636-0018-7

Die beste Grammatik bietet der Klettverlag. Das kleine Taschenbuch „Kompakt Grammatik Dänisch" bietet übersichtlich und kompakt alles, was man über die dänische Grammatik wissen muss, an. Ein unverzichtbarer Begleiter für alle, die Dänisch lernen wollen oder müssen!

- „Kompakt Grammatik Dänisch", Klett-Verlag, ISBN 3-12-527910-0

Ein weiteres, sehr gutes Grammatik-Heft ist „Dansk mini-grammatik for udlændinge" aus dem Sprogcentrets Forlag, ISBN 87-89440-41-2.

Es gibt eine kleine und gute Auswahl an Wörterbüchern und Übersetzern. Für die ersten Schritte auf dänischem Boden ist das Langenscheidt Universal-Wörterbuch Dänisch, ISBN 978-3-468-18103-0, ausreichend. Wer fest nach Dänemark auswandern will, benötigt früher oder später ein kompaktes Wörterbuch. Einige dänische Supermarkt-Ketten bieten hin und wieder preiswerte Wörterbücher an. Das Beste, was es augenblicklich auf dem dänischen Markt gibt, ist das „Gyldendals Røde Ordbøger", ISBN 978-87-00-31758-1.

10.4 Sprachschulen

In vielen Regionen Dänemarks gibt es öffentliche Sprachschulen für Migranten. Meist kümmert sich der zukünftige Arbeitgeber um die Anmeldung. Die Sprachschulen werden vom dänischen Staat finanziert. Die Schüler tragen nur die Selbstbeteiligungskosten von knapp 500 Kronen pro Semester. Aufgrund der steuerlichen Vergünstigung übernehmen viele Arbeitgeber die Selbstbeteiligungskosten.

Jedes halbe Jahr müssen die Lehrer Beurteilungen schreiben, die an die zuständige Kommune weitergegeben werden. Zudem finden halbjährliche Tests statt. Nach jedem Semester erhalten die Schüler ein Zeugnis. Der Schulbesuch wird durch die Kommune überwacht. Wer mehr als einmal unentschuldigt dem Unterricht fern bleibt, muss mit einem Verweis rechnen. Manche Kommunen verlangen auch eine Teilrückzahlung des Schulgeldes. Melden Sie sich daher umgehend bei Ihrer Schule oder bei der örtlichen Kommune, wenn Sie den Unterricht nicht besuchen können.

Nur wenige Lehrer sprechen Deutsch. Unterrichtet wird in englischer Sprache. Daher sollten Basiskenntnisse in Englisch unbedingt vorhanden sein. Fehlen diese, wird man dem Unterricht nur schwer folgen können. Wer über keinerlei Sprachkenntnisse verfügt, sollte vor der Auswanderung einen Englisch-Sprachkurs belegen. Auskunft über den Schulbesuch erteilt immer die örtliche Kommune. Für Einwanderer nach Süd-Jütland gibt es Auskunft beim Regionskontor Region Sønderjylland, Tel. +45 746-70 501, Fax +45 74670521 oder im Internet unter:

- www.region.de
- www.region.dk
- www.pendlerinfo.de

Weitere Sprachschulen findet man unter www.krak.dk.

11. Kapitel:

IN DÄNEMARK LEBEN

11.1 Kinder

Dänemark gehört zu den kinderfreundlichsten Ländern der Welt. Wer mit Kindern auswandern will, ist im kleinen Königreich sehr gut aufgehoben. Familien mit Kindern finden hier optimale Bedingungen vor. Für die Kinderbetreuung ist bestens gesorgt, denn ab der sechsten Lebenswoche steht jedem Kind ein Betreuungsplatz zu. Die Kindergärten verfügen über genügend Personal und die Gruppenstärke ist gering.

Auch in Sachen Kinderfreizeit hat Dänemark einiges zu bieten. Fast alle Schwimmbäder verfügen über gesonderte Kinder- und Babybecken. Schwimmhilfen werden in allen Bädern kostenlos zur Verfügung gestellt. In Freizeitparks, Schwimmbädern, bei Sportveranstaltungen und ähnlichen Freizeit-Institutionen haben Kinder unter drei Jahren freien Eintritt. Meist gibt es auch Familienkarten zu attraktiven Preisen.

In allen öffentlichen Gebäuden, Banken oder Postfilialen gibt es Spielecken für Kinder. In fast allen Restaurants findet man mindestens ein Kindergericht auf der Speisekarte.

Ständig aktualisierte Informationen über Kinderveranstaltungen gibt es unter www.kultunaut.dk.

11.1.1 Kinderbetreuung

Die Kinderbetreuung in Dänemark ist erstklassig. Selbst für Säuglinge wird die Kinderbetreuung flächendeckend garantiert. Fast 80 % der Mütter sind berufstätig. Kinder unter drei Jahren werden von einer Tagesmutter betreut. In größeren Städten stehen spezielle Kinderhorte zur Verfügung. Tagesmütter werden von der Kommune überwacht und betreut. Sie haben alle eine pädagogische Ausbildung absolviert. Die Betreuung durch eine Tagesmutter ist nur in Vollzeit möglich. Die Zeiten können individuell bestimmt werden. In der Regel sind sie aber an gewisse Kernzeiten gebunden. Die Tagesbetreuung findet zwischen 6.00 Uhr und 18.00 Uhr statt. Die Betreuungskosten variieren und sind vom monatlichen Einkommen und der örtlichen Kommune abhängig. Auskunft erteilt die „Børne- og Familieforvaltningen, Pladsanvisningen".

Kindergartenplätze gibt es für jedes Kind ab drei Jahren. Kindergärten sind flächendeckend vorhanden. In ländlicheren Gegenden gibt es einen Kindergarten für mehrere Gemeinden. Der kostenlose Bustransport wird durch die Kommune garantiert. Es gibt unterschiedliche Kindergarten-Formen. Die meisten Kinder werden in einem Gemeindekindergarten betreut. Diese Einrichtungen verfügen über verschiedene Erziehungsformen. Hinzu kommen Waldkindergärten, die sich auf eine naturnahe Betreuung spezialisiert haben.

Auf dem Land steht das Miteinander zwischen Mensch und Tier an erster Stelle. Diese Kindergärten sind an landwirtschaftlichen Einrichtungen orientiert. Sie ähneln kleinen Bauernhöfen. Hier werden Tiere gehalten und von den Kindern betreut. Stallausmisten und Melken gehören zum Tagesprogramm. Eier kommen frisch aus dem Hühnerstall auf den Tisch und Brot wird meist selbstgebacken.

Generell ist die Betreuung in Dänemark nicht mit den Tagesabläufen in deutschen Kindergärten zu vergleichen. Das Wochenprogramm ist sehr umfangreich und genau auf die Bedürfnisse der Kinder abgestimmt. Auch sportliche Aktivitäten wie Fußballturniere oder Fahrradtouren gehören dazu. In fast allen Betreuungseinrichtungen wird einmal wöchentlich Schwimmunterricht angeboten.

Auf das soziale Miteinander wird großen Wert gelegt. Es ist durchaus üblich, dass die Kinder mindestens einmal im Monat ein nahe gelegenes Altenheim besuchen. Dort wird gemeinsam mit den Senioren gekocht oder gespielt. Auch die Besichtigung von militärischen Einrichtungen oder landwirtschaftlichen Betrieben steht genauso auf dem Programm wie der Besuch eines Krankenhauses oder eines Flughafens.

Im Durchschnitt werden fünf Kinder von einem Pädagogen betreut. Hinzu kommen noch eine ganze Reihe Praktikanten und Auszubildende, die sich um die Kinder kümmern.

Auffällige Kinder, zum Beispiel mit ADS oder Sprachproblemen, erhalten eine spezielle Betreuung. In diesen Fällen kommen Logopäden, Psychologen oder Physiotherapeuten in die Kindergärten. Dies geschieht in regelmäßigen Abständen. Lernschwächere Kinder erhalten entsprechenden Förderunterricht.

Wer ein Kind in einem Kindergarten anmelden will, wendet sich zunächst an die „Børne- og Familieforvaltningen, Pladsanvisningen" der zuständigen Kommune. Für die Anmeldung reicht die CPR-Nummer aus. Manchmal wird auch der Personalausweis des Kindes verlangt. Die Bearbeitung des Antrages geht schnell und dauert in der Regel zwei Wochen. Auch die Betreuungszeit ist individuell gestaltbar. Man wählt entweder zwischen einem Voll- oder Teilzeitplatz. Natürlich sind auch Ausnahmen möglich, wenn die Betreuung an die Arbeitszeiten angepasst werden muss. Die meisten Kindergärten öffnen zwischen 6–7 Uhr und schließen zwischen 16–18 Uhr. Die Kosten sind von der Kommune und dem monatlichen Einkommen abhängig.

Liegt das jährliche Gesamteinkommen unter 429.200 DKK, gibt es eine Härtefallregelung. Auch für Geschwisterkinder, die den gleichen Kindergarten besuchen, gibt es Ermäßigungen. In beiden Fällen wendet man sich an die Abteilung „Forældrebetaling" der zuständigen Kommune.

Die Kindergärten schließen nur an wichtigen Feiertagen, wie Ostern oder Weihnachten. An allen anderen Tagen wird die Betreuung sichergestellt.

11.1.2 Kindergeld

In Dänemark wird das Kindergeld „Børnefamilieydelse" für alle unverheirateten Kinder unter 18 Jahre gezahlt. Die Regelsätze sind wie folgt gestaffelt:

- Kinder bis zum 3. Lebensjahr ca. 3600 DKK pro Quartal,
- Kinder bis zum 6. Lebensjahr ca. 3200 DKK pro Quartal,
- Kinder ab dem 6. Lebensjahr ca. 2700 DKK pro Quartal.

Das Kindergeld wird immer pro Quartal ausgezahlt. Ein Antrag auf Erhalt von Kindergeld wird bei der örtlichen Kommune gestellt. Es gab eine ganze Reihe krimineller Machenschaften durch Asylbewerber, so dass die meisten Kommunen verlangen, dass das Kind bei der Antragstellung vor Ort ist. Zudem müssen der Personalausweis und die CPR-Nummer des Kindes vorgelegt werden. Darüber hinaus ist eine Bescheinigung aus Deutschland notwendig, aus der hervorgeht, wie lange in Deutschland Kindergeld gezahlt wurde.

Die Zahlung von deutschem und dänischem Kindergeld geht nahtlos ineinander über. Alleinerziehende, sozial schwache Familien und Kinder von frühzeitigen Rentnern erhalten eine ganze Menge Zulagen. Diese Zulage nennt man „ordinært børnetilskud", „ekstra børnetilskud" und „særlig børnetilskud".

Um in Dänemark Kindergeld zu erhalten, muss der Sorgeberechtigte in Dänemark beschäftigt und unbeschränkt steuerpflichtig sein. Leben beide Erziehungsberechtigte in Dänemark, wird das Kindergeld immer an die Mutter ausgezahlt.

11.2 Schulen und Universitäten

11.2.1 Das dänische Schulsystem

Der Hauptunterschied zwischen dem deutschen und dem dänischen Schulsystem besteht darin, dass alle dienstrechtlichen, finanziellen und organisatorischen Fragen von Kreis und Gemeinde bearbeitet werden. Sie alleine tragen die Verantwortung dafür. Ferner ist es üblich, dass alle an der Schule beteiligten Personen ein umfangreiches Mitspracherecht haben. Zu diesen Personen gehören Lehrerverbände, Gewerkschaften, Eltern, Schüler und Schulträger.

In Dänemark wird nur eine allgemeine neunjährige Unterrichtspflicht gesetzlich verlangt. Es besteht keine Schulpflicht, d. h., dass Kinder auch zu Hause unterrichtet werden können. Trotzdem liegt die Einschulungsquote bei 99 %.

Alle ausländischen Kinder, die die dänische Sprache nicht beherrschen, werden zunächst in eine Förderschule (spireskole) oder eine Vorschulerziehungsschule geschickt. Die Spireskole ist für Kindergartenkinder gedacht. Die Vorschulerziehungsschule (Forskole) wird im letzten Kindergartenjahr besucht. Der Unterricht findet im wöchentlichen Wechsel mit der Kindergartenbetreuung statt. An der Schule wird spielerisch Dänisch gelehrt.

Ältere Kinder, die in Deutschland bereits Grundschulen oder weiterführende Schulen besucht haben, werden nur dann in das dänische Schulsystem aufgenommen, wenn sie der dänischen Sprache mächtig sind. Im Zweifelsfall erfolgt ein Test. Reichen die dänischen Sprachkenntnisse nicht aus, muss zunächst eine Integrationsschule besucht werden. In diesen Schulen werden Kinder unterschiedlicher Nationalitäten und unterschiedlichen Alters unterrichtet. Das Hauptfach ist Dänisch mit den Nebenfächern Sport und Mathematik. Der Besuch erfolgt im ganz normalen Schuljahresrhythmus. Erfahrene Pädagogen und ausgebildete Fachkräfte entscheiden dann individuell darüber, wann ein Kind genügend Reife besitzt, um eine dänische Schule zu besuchen.

Der Wechsel von der „Integrationsschule" zu einer dänischen Schule erfolgt normalerweise am Ende der Sommerferien. In Ausnahmefällen erfolgt der Wechsel auch während des Schuljahres.

Schüler, die bei der Auswanderung nach Dänemark nur Deutsch sprechen können, müssen mit der Wiederholung von mindestens einem Schuljahr rechnen. Alternativ besteht die Möglichkeit, eine deutsch-dänische Schule zu besuchen. Diese findet man in Teilen Südjütlands und in Kopenhagen.

Im normalen dänischen System kommen 5- bis 6-jährige Kinder in eine sogenannte „børnehaveklasse" (Klasse 0) bzw. Vorschulerziehungsklasse.

Hier wird geschaut, ob das Kind schon für den Schulbesuch bereit ist. Die eigentliche Schulausbildung beginnt dann mit der Volksschule (Folkeskole). Die Volksschule ist eine Art Gesamtschule, die bis zur neunten Klasse besucht wird. Diese Schule deckt sowohl den Primar- wie auch den Sekundarbereich ab. Danach ist die allgemeine Unterrichtspflicht beendet und jeder weitere Schulbesuch basiert auf freiwilliger Basis. Alle Schüler bleiben in den ersten neun Jahren im selben Klassenverband. Allerdings werden ab der achten Klasse die Fächer Deutsch, Englisch und Mathematik auf verschiedenen Niveaus unterrichtet.

Physik und Chemie wird erst ab der siebten Klasse unterrichtet. Nicht in allen Schulen ist Deutsch ein Pflichtfach. In einigen Einrichtungen wird Deutsch nur als sogenanntes Wahlpflichtfach angeboten. Die Schule wird in der Regel mit einer Abschlussprüfung beendet. Wer die Prüfung nicht ableisten will, erhält ein Abgangszeugnis.

Erst von der achten bis zur zehnten Klasse erhalten die Schüler Noten – allerdings nur in den Fächern, in denen ein Abschlussexamen gemacht werden kann. Zu diesen Fächern gehören unter anderem Deutsch, Dänisch, Englisch, Französisch, Mathematik, Physik und Chemie. Wer das zehnte Schuljahr besucht, kann eine weitere Prüfung ablegen und erhält dann ein erweitertes Abschlussexamen. Dafür müssen die geprüften Fächer allerdings in einer höheren Niveaustufe unterrichtet worden sein.

Nach Abschluss der zehnten Klasse schließt sich die gymnasiale Oberstufe an. Es gibt zwei Möglichkeiten des höheren Sekundarunterrichts. Die „almene gymnasiale uddannelser“ kommt dem deutschen Besuch eines Gymnasiums gleich und wird nach drei Jahren mit dem Abitur (studentereksamen) abgeschlossen.

Die zweite Möglichkeit ist berufsorientiert. Die „erhervs-rettede gymnasiale uddannelser“ enthält mehr berufliche Inhalte. Nach zwei bis drei Jahren wird diese Schulform mit dem höheren „Handels- oder Technik-Examen“ („Højere Handelseksamen og Højere Teknisk Eksamen“) abgeschlossen.

Die Handelsschule ist die Basis für den beruflichen Einstieg in Wirtschaft, Verwaltung und Management. Sie gilt auch als Voraussetzung für eine weitere berufliche Ausbildung. Technische Schulen bereiten auf den Einstieg in die technischen Berufe vor und stellen darüber hinaus die Grundlage für weiterführende Ausbildungsgänge dar. Erwachsene, die nachweislich zehn Schuljahre besucht haben, können auch in Dänemark einen Hochschulzugang erhalten. Hierzu müssen zwischen zwei- und dreijährige Kurse besucht werden, an der die höhere Vorbereitungsprüfung anschließt.

Der öffentliche Schulbesuch und sämtliche Lehrmaterialien sind kostenlos. Sofern erforderlich, erfolgt ein kostenloser Bus- oder Taxi-Transfer zur Schule.

Das dänische Schulsystem schneidet im internationalen Vergleich besser ab als das deutsche System.

11.2.2 Wissenswertes über eine „Folkeskole"

- Von der 1. bis zur 3. Klasse werden im Durchschnitt 2060 Stunden unterrichtet.
- Im weiteren Verlauf der 4. bis 5. Klasse und der 7. bis 9. Klasse steigen die jährlichen Unterrichtsstunden auf 2230 bis 2520 an.
- Pro Klasse kommen im Durchschnitt 20 Schüler.
- Die Kommunen haben interne Regelungen getroffen, die zusichern, dass die Anzahl der Schüler pro Klasse die Anzahl 30 nicht übersteigt.
- Schulen, die in sozialen Brennpunkten liegen, haben zum Teil eine Sonderquote.
- In allen Folkeskole-Klassen haben die Eltern Mitspracherechte und werden in alle Organisationen eingebunden.
- Der Unterrichtsplan für diese Schulform setzt sich aus Pflicht- und Angebotsfächern zusammen.
- Während der gesamten Schulzeit ist Dänisch ein Pflichtfach.

- Ab der dritten Klasse wird Englisch unterrichtet und es besteht die Möglichkeit, als weitere Sprache Deutsch oder Französisch zu lernen. Die meisten Schulen bieten diese Fächer aber nur zwischen der 7. und der 9. Klasse an.
- Da der überwiegende Teil der Bevölkerung dem evangelischen Glauben angehört, findet der Christentum-Unterricht während der Schulzeit statt. Er soll die Kinder auf die Konfirmation vorbereiten. Schüler anderer Konfessionen müssen an diesem Unterricht nicht teilnehmen.
- Geschichte und Sozialkunde werden zwischen der 3. und der 9. Klasse unterrichtet.
- Sport wird während der gesamten Schulzeit gelehrt und ist ein Pflichtfach.
- Musik und bildende Kunst stehen zwischen der 1. und der 6. Klasse auf dem Programm.
- Handarbeit, Hauswirtschaft und praktische Technikarbeiten werden zwischen der 4. und der 7. Klasse gelehrt.
- Mathematik ist ein Pflichtfach.
- Natur und Technik wird von der 1. bis zur 6. Klasse unterrichtet.
- Biologie-, Geographie-, Chemie- und Physikunterricht gibt es zwischen der 7. und der 9. Klasse.
- Es gibt zahlreiche Wahlpflichtfächer wie Dramen, Film, Fotografie, Theaterwissenschaften und verschiedene Sprachen. Dieses Angebot ist von Schule zu Schule verschieden.
- Das Schuljahr besteht aus 202 Schultagen und 163 Ferien- und Feiertagen.

Weitere Informationen zum dänischen Schulsystem gibt es unter www.borger.dk.

11.2.3 Deutsche Schulen in Dänemark

- **Sankt-Petri-Schule**
  Larslejsstraede 5–7
  1451 Kopenhagen K
  Telefon: 0045-33130462
  kontor@adm.sanktpetriskole.dk oder www.sanktpetriskole.dk
- **Den tyske Privatskole**
  Bomhusvej 4, Alnor
  DK-6300 Gråsten
  Tel.(0045) 74 65 19 35
- **Deutsche Schule Buhrkall**
  Burkal Birkevej 6–8
  DK-6372 Bylderup-Bov
  Tel.(0045) 74 76 22 52
- **Den Tyske Privatskole**
  (Deutsche Privatschule)
  Ravsted Hovedgade 44
  DK-6373 Bylderup-Bov
  Tel.(0045) 74 64 71 19
- **Deutsche Schule Tinglev**
  Grønnevej 53
  DK-6360 Tinglev
  Tel. (0045) 74 64 48 35
- **Den Tyske Privatskole**
  Ludwig-Andresen-Schule
  Popsensgade 2
  DK-6270 Tønder
  Tel.(0045) 74 22 25 21

11.2.4 Deutsche Bildungseinrichtungen in Dänemark

- **Goethe Institut**
  (Deutsches Kulturinstitut)
  Nørre Voldgade 106
  DK-1358 Kopenhagen K
  Tel. (0045) 33 13 34 54
  www.goethe.de/ne/kop/
- **Copenhagen International School**
  Hellerupvej 22–26
  DK-2900 Hellerup
  Tel. (0045) 39 40 33 03
  Fax: (0045) 39 61 30 22
- **Studieskolen**
  Antonigade 6
  DK-1106 Kopenhagn K
  Tel. (0045) 33 14 40 22
- **Bernadotte-Skolen**
  (Die Internationale Schule in Dänemark)
  Hellerupvej 11
  DK-2900 Hellerup
  Tel. (0045) 39 62 12 15
  www.algonet.se/~bernadot/

11.2.5 Fernunterricht

Wer sein Kind nicht auf eine dänische Schule schicken möchte und keine deutsche Schule in der Nähe vorfindet, hat die Möglichkeit des Fernunterrichtes. Der Unterricht wird in diesem Fall durch das sogenannte Fernlehrwerk sichergestellt. Diese Programme sind von der staatlichen Zentralstelle für Fernunterricht geprüft und zugelassen. Alle Kurse entsprechen somit den innerdeutschen Lernzielen. Der Unterricht basiert auf den deutschen Richtlinien.

Diese Unterrichtsform ermöglicht den sofortigen Einstieg in eine deutsche Schulform. Sie war ursprünglich für Personen gedacht, die sich nur vorübergehend im Ausland aufhalten. Der Ergänzungsunterricht kann dem Erhalt und der Beibehaltung der Muttersprache dienen. Das Kind kann dann über das Fernlehrwerk, nur im Fach Deutsch, unterrichtet werden. Das ist eine gute Ergänzung, wenn die örtliche Schule keinen oder nur in geringem Umfang Deutschunterricht anbietet.

Der Unterricht wird in verschiedene Teile gesplittet. Der Grundschulteil beinhaltet den Stoff bis zur 4. Klasse. Daran anschließend gibt es den Unterricht der 5. bis 10. Klasse. Dieser Unterricht wird allerdings ab der 6. Klasse noch einmal unterteilt in Hauptschule, Realschule und Gymnasium. Der Einstieg in den Fernunterricht ist jederzeit möglich.

Weitere Auskünfte gibt es unter:

- www.deutsche-fernschule.de
- www.ils.de

11.2.6 Universitäten

In Dänemark fallen keine Studiengebühren an. Voraussetzung für ein Studium an einer dänischen Universität oder Hochschule ist die allgemeine Hochschulreife (Abitur). In einigen Fächern kann ein Studium auch mit der Fachhochschulreife begonnen werden. Nähere Informationen erteilt die zuständige Hochschule.

Viele Studienfächer können nur belegt werden, wenn man nachweislich bis zum Abitur in diesem oder einem ähnlichen Fach unterrichtet wurde. Ist dies nicht der Fall, müssen bestimmte Fachprüfungen abgelegt werden. Bei einigen Hochschulen, wie zum Beispiel Kunsthochschulen, sind eigene Arbeiten vorzulegen und Aufnahmeprüfungen zu absolvieren.

Die besonderen Unterschiede zu Deutschland sind die weiteren Zulassungskriterien. Dänemark verfügt bei der Zulassung zum Studium über ein Quotensystem. Dieses System wird für die Dauer von einem Jahr vom dänischen Bildungsministerium festgelegt. Dadurch wird jeder Bewerber einzeln beurteilt. Dank der individuellen Auswahlform sind neben der Zugangsberechtigung auch weitere, fachbezogene Qualifikationen von großer Bedeutung.

In der Regel ist für ausländische Bewerber der Nachweis dänischer Sprachkenntnisse zu erbringen. Das kann durch eine Sprachprüfung geschehen.

Das Hochschulsystem in Dänemark ist ausgezeichnet und kann sich im europäischen Vergleich durchaus sehen lassen. Neben den Universitäten gibt es eine ganze Reihe Bildungseinrichtungen auf Hochschulniveau, die mit den deutschen Fachhochschulen vergleichbar sind.

11.2.7 Universitäten und Fachhochschulen

Universität Kopenhagen
Nørregade 10
DK-1017 København K
Tel. +45-35 32 26 26
Fax +45-35 32 26 28
www.ku.dk oder E-Mail: rektor@adm.ku.dk

Universität Aarhus
Nordre Ringgade 1
DK-8000 Århus C
Tel. +45-89 42 11 66
Fax +45-86 19 70 29
www.au.dk oder E-Mail: au@au.dk

Universität Odense
Campusvej 55
DK-5230 Odense M
Tel. +45-65 50 10 00
Fax +45-65 50 10 90

Universität Kolding
Engstien 1
DK-6000 Kolding
Fax +45-65 50 10 92

Universität Esbjerg
Niels BohrsVej 9–10
DK-6700 Esbjerg
Fax +45-65 50 10 91

Universität Sønderborg
Grundtvigs Allé 150
DK-6400 Sønderborg
Fax +45-65 50 10 93
www.sdu.dk oder E-Mail: sdu@sdu.dk

Universitätszentrum Roskilde
Marbjergvej 35
DK-4000 Roskilde
Tel. +45-46 74 20 00
Fax +45-46 74 30 00
www.ruc.dk oder E-Mail: ruc@ruc.dk

Universität Ålborg
Frederik Bajers Vej 5
Postbox 159
DK-9100 Ålborg
Tel. +45-96 35 80 80
Fax +45-96 15 22 01
www.auc.dk oder E-Mail: hej@aua.auc.dk

Technische Universität
Bygning 101 A
DK-2800 Lyngby
Tel. +45-45 25 25 25
Fax +45-45 88 17 99
www.dtu.dk oder E-Mail: dtu@adm.dtu.dk

Königliche Hochschule für Veterinärwesen und Agrarwissenschaften
Bülowsvej 17
DK-1870 Frederiksberg C
Tel. +45-35 28 28 28
Fax +45-35 28 20 79
www.kvl.dk oder E-Mail: kvl@kvl.dk

Hochschule für Architektur der Kunstakademie Kopenhagen
Philipp de Langes Allé 10
DK-1435 København K
Tel. +45-32 68 60 00
Fax +45-32 68 61 11
www.karch.dk oder E-Mail: arkitekskolen@karch.dk

ARKITEKTSKOLEN I ÅRHUS
Hochschule für Architektur Århus
Nørreport 20
DK-8000 Århus C
Tel. +45-89 36 00 00
Fax +45-86 13 06 45
www.a.aarhus.dk oder E-Mail: aaa@a-aarhus.dk

Hochschule für Pharmazie
Universitetsparken 2
DK-2100 København Ø
Tel. +45-35 37 08 50
Fax +45-35 37 57 44
www.dfh.dk oder E-Mail: dfh@dfh.dk

Hochschule für Zahnmedizin Kopenhagen
Nørre Allé 20
DK-2200 København N
Tel. +45-35 32 67 00
Fax +45-35 32 65 05
www.odont.ku.dk

Hochschule für Zahnmedizin Århus
Vennelyst Boulevard 9
DK-8000 Århus C
Tel. +45-86 13 25 33
Fax +45-86 19 60 29

Hochschule für Journalismus
Olof PLames Allé 11
DK-8200 Århus N
Tel. +45-89 44 04 40
Fax +45-86 16 89 10
www.djh.dk oder E-Mail: info@djh.dk

Pädagogische Hochschule
Emdrupborg
Emdrupvej 101
DK-2400 København NV
Tel. +45-39 69 66 33
Fax +45-39 66 00 81
www.dpu.dk oder E-Mail: dpu@dpu.dk

Wirtschaftsuniversität Kopenhagen
Solbjerg Plads 3
DK-2000 Frederiksberg
Tel. +45-38 15 38 15
Fax +45-38 15 20 15
www.cbs.dk oder Email: cbs@cbs.dk

Wirtschaftsuniversität Århus
Fuglesangsallé 4
DK-8210 Århus V
Tel. +45-86 15 55 88
Fax +45-86 15 01 88 oder www.hha.dk

Königlich Dänisches Musikkonservatorium
Niels Brocksgade 1
DK-1574 København V
Tel. +45-33 69 22 69
Fax +45-33 69 22 79
www.dkdm.dk, E-Mail: dkdm@dkdm.dk

Staatliche Hochschule für Theater
Per Knutzons Vej 1
DK-1437 København K
Tel. +45-31 86 63 12
Fax +45-38 33 41 51

Informationen zu weiteren Hochschulen und Institutionen gibt es unter www.worldwide.edu.

11.2.8 Zulassung an dänischen Universitäten

Die Bewerbungen werden immer direkt an die Hochschule gerichtet. Neben der Hochschulzulassung muss eine Aufenthaltserlaubnis vorgelegt werden. Der Erhalt der Aufenthaltserlaubnis für Studenten ist nur möglich, wenn ein Krankenversicherungsnachweis erbracht wird. Ferner muss nachgewiesen werden, dass der Student oder die Studentin über genügend finanzielle Mittel verfügt. Dies gilt natürlich nur für Bewerber aus Deutschland. Nähere Informationen erteilt die Dänische Rektorenkonferenz unter www.rks.dk.

Die Unterbringung an den Universitäten erfolgt meistens in Studentenheimen. Neben der ausgezeichneten Übernachtungsmöglichkeit wird auch eine Rundum-Verpflegung und -Betreuung mit großem Programm angeboten. Die monatlichen Kosten dafür liegen etwa zwischen 7000 und 8000 DKK. Darüber hinaus besteht die Möglichkeit, ein Stipendium für einen Studien- oder Forschungsaufenthalt zu erhalten. Nähere Auskünfte dazu gibt es beim Deutschen Akademischen Austauschdienst DAAD, Kennedyallee 50, in 53175 Bonn oder unter der Postanschrift Postfach 200404 in 53134 Bonn, Tel. 0228-8820 oder Fax 0228-882444 oder auch per E-Mail an postmaster@daad.de oder www.daad.de.

Studienbeginn ist immer im August/September oder im Januar/Februar. Bewerbungsschluss für August/September ist etwa Mitte März und für Januar/Februar etwa Anfang September. Die Bewerbungsunterlagen sind ca. zwei Monate vorher bei den jeweiligen Universitäten oder Hochschulen erhältlich.

11.3 Verkehr

Die dänischen Verkehrsteilnehmer sind sehr diszipliniert. Generell geht es im dänischen Verkehr viel ruhiger zu als in Deutschland. Es gibt nur zwei Autobahnen. Einmal die E45/E39 von der deutschen Grenze verlaufend nach Nordjütland und die E20 von Esbjerg nach Kopenhagen. Daneben gibt es noch zwei kleine Anschluss-Autobahnen ab Kopenhagen, die E47/E55 nördlich nach Helsingør und südlich nach Rødbyhavn. Hin und wieder trifft man auch auf kleinere Teilstücke, die aber eher vergleichbar sind mit den deutschen Stadtautobahnen. Die Autobahnen sind überwiegend zweispurig. Ausnahmen gibt es nur in Kopenhagen oder Århus. Hier gibt es auch mehrspurige Autobahnabschnitte.

Zudem existieren noch einige wenige, aber sehr gut ausgebaute, autobahnähnliche Schnellstraßen, wie zum Beispiel zwischen Århus-Zentrum und Århus-Flughafen.

Am meisten verbreitet sind die Fernverkehrsstraßen. Diese findet man dort, wo kein Autobahnnetz mehr verfügbar ist, wie zum Beispiel die Fernverkehrsstraße 11, die von der deutschen Küste bis nach Aalborg verläuft. Diese Straßen sind sehr gut ausgebaut und mit den deutschen Bundesstraßen oder den französischen Nationalstraßen vergleichbar.

Alle anderen Straßen sind Nebenstraßen. Nicht jede Straße, die in Straßenkarten ausgezeichnet ist, verdient diesen Namen. Manchmal handelt es sich hierbei nur um asphaltierte Feldwege oder Schotterpisten. Einige Straßen sind an manchen Stellen sehr eng, so dass man dem Gegenverkehr nur durch das Befahren des Grünstreifens ausweichen kann.

Im Dunkeln sollten Autofahrer besonders aufmerksam sein, denn die Straßenbeleuchtung ist sehr spärlich oder oftmals auch gar nicht vorhanden. Nicht immer ist durch Schilder ersichtlich, dass die Straße eine Sackgasse ist oder am Meer, an der Kaimauer oder am Hafenbecken endet!

Stau ist in Dänemark ein Fremdwort. Lediglich um größere Städte herum gibt es zu den Stoßzeiten zähfließenden Verkehr. Auch Ampeln sind in

Dänemark eine Seltenheit. In Dänemark zählt man pro 1000 Einwohner gerade mal 400 Kraftfahrzeuge. In Deutschland kommen dagegen pro 1000 Einwohner mehr als 600 Autos.

11.3.1 Verkehrsregeln

Verkehrsdelikte aller Art werden in Dänemark hoch bestraft! Man sollte sich daher unbedingt an die Höchstgeschwindigkeiten halten. Die Strafen sind drastisch. Wer die vorgeschriebene Höchstgeschwindigkeit nur um 10 km/h überschreitet, muss mit einer Geldstrafe in Höhe von 150 Euro rechnen. Bei der Überschreitung um 20 km/h droht ein Bußgeld um die 200 Euro. Das Tempolimit beträgt auf den Autobahnen 130 km/h und auf Landstraßen 80 km/h. Innerorts sind 50 km/h erlaubt. Nicht immer werden die Geschwindigkeitsbegrenzungen angezeigt. Bei Alkohol am Steuer drohen im schlimmsten Fall eine Freiheitsstrafe und der Führerscheinentzug für mehrere Jahre. Das gilt auch für Personen, die unter Drogen stehen oder durch Tabletten verkehrsuntüchtig sind. Im Wiederholungsfall muss die Führerscheinprüfung wiederholt werden.

Hier die wichtigsten Verkehrsregeln:

- Fahrzeuge müssen rund um die Uhr mit eingeschaltetem Abblendlicht fahren.
- Das Telefonieren mit dem Handy ist während der Fahrt verboten.
- Telefonieren mit Freisprechanlage ist erlaubt.
- Jedes Fahrzeug muss ein Warndreieck mitführen.
- Die Promillegrenze liegt bei 0,5.
- Sogenannte Haifischzähne auf der Fahrbahn bedeuten „Vorfahrt beachten".
- Fahrzeuge, die in Deutschland angemeldet sind, dürfen nicht an Personen ausgeliehen werden, die in Dänemark wohnen.

Verstöße gegen eine geltende Parkordnung werden mit hohen Bußgeldern geahndet. Parken ist, soweit nicht anders ausgeschildert, immer am rechten Fahrbahnrand erlaubt. Ausnahmen gelten natürlich auf Autobahnen und Landstraßen, sowie an Radwegen, Bushaltestellen und Fußgängerüberwegen. In vielen Städten und Orten ist das Parken kostenlos. Man benötigt lediglich eine „Dänische Parkuhr". Diese Parkuhr ähnelt der deutschen Parkscheibe. Sie wird vorne sichtbar im Fahrzeug angeklebt. Man erhält diese Parkuhren an Tankstellen und Supermärkten. Sie kosten um die 20 Kronen.

11.3.2 Brücken und Tunnel

Schon aufgrund der vielen Wasserwege verfügt Dänemark über eine ganze Reihe Brücken. Die drei bekanntesten Brücken sind die über den kleinen Belt, über den Großen Belt und über den Øresund. Die kleine Belt-Brücke ist kostenlos und kann ohne Probleme passiert werden. Die Fahrt über die große Belt-Brücke ist kostenpflichtig. In Höhe des Ortes Halsskov befindet sich eine Mautstelle. Aktuelle Preisangaben und weitere Infos findet man unter www.storebaelt.dk/deutsch.

Über den Øresund gelangt man von Dänemark nach Schweden. Die Mautstelle befindet sich in Höhe des Kopenhagener Stadtteiles Kastrup. Hier liegt auch der Flughafen der Hauptstadt. Mehr Infos findet man unter www.oresundsbron.com.

Weitere Brücken sind:

- Verbindung von Skærbæk nach Rømø, zweispurig und kostenlos,
- Autobahnbrücke über den Vejle-Fjord, vierspurig und kostenlos,
- Autobahnbrücke über den Nørresund, vierspurig und kostenlos,
- Sallingsund-Brücke von Salling nach Mors, zweispurig und kostenlos,
- Brücke über den Limfjord von Mors nach Thy, zweispurig und kostenlos,
- Brücke über den Nissum-Fjord, zweispurig und kostenlos,
- Brücke über den Mariagerfjord, zweispurig und kostenlos,
- Brücke von Seeland nach Falster, vierspurig und kostenlos.

Darüber hinaus gibt es noch etliche kleinere Brücken, die alle kostenlos benutzt werden können. Je nach Wetterlage, beispielsweise bei Sturm und Orkan, werden die Brücken gesperrt. Aktuelle Sperrungen werden im Radio und Fernsehen bekannt gegeben.

Dänemark verfügt über zwei wichtige Tunnel. Der größte und bekannteste ist der 4000 Meter lange Øresundtunnel nach Schweden. Der Tunnel ist ein Teilstück der Øresundverbindung. Er wurde im Jahr 2000 eröffnet und ist einer der sichersten Tunnel Europas. Er verfügt über zwei Röhren. In Abständen von etwa 90 Metern findet man Feuerlöscher, Notausgänge und Notrufsäulen. Auch der ADAC bewertet diesen Tunnel mit der Note „Gut", obwohl er nicht über Pannenbuchten verfügt. Weitere Infos gibt es unter www.oeresundsbron.dk.

Einen weiteren Tunnel findet man am Guldborg Sund. Alle, die sich für die Anreise über Puttgarden entscheiden, müssen diesen Tunnel passieren. Der Tunnel gehört zu den unsichersten Tunneln Europas. Am 17. Oktober 2001 gab es ein schweres Unglück in diesem Tunnel, bei dem fünf Menschen ums Leben kamen. Weitere Infos dazu gibt es unter www.trafikken.dk.

11.3.3 Die dänische Bahn

Das dänische Schienennetz ist gerade mal 2047 km lang und in vielen Gebieten veraltet. Ein Umbau oder eine Erweiterung scheitern nicht unbedingt an finanziellen Mitteln, sondern eher am Fachkräftemangel. Andererseits ist in vielen Gebieten die Zugauslastung sehr gering, so dass sich eine Reform gar nicht lohnt. In und um größere Städten herum ist das Bahnnetz gut ausgebaut. In den ländlichen Gebieten gibt es zum Teil gar keinen Zugang zum Schienennetz. Wer in und nach Dänemark reist, muss mehrmals umsteigen. Nonstop-Verbindungen sind selten. Die Fahrpreise haben in etwa das deutsche Niveau. Weitere Auskünfte gibt es unter www.bahn.de oder www.dsb.dk.

11.3.4 Fähren

In Dänemark ist die Nutzung von Fähren alltäglich. Es gibt Fähren, die direkt von Deutschland nach Dänemark fahren, innerdänische Fähren und Fähren von Dänemark nach England, Schweden, Norwegen, Island, Schottland und den Färöer-Inseln. Hinzu kommen noch eine ganze Reihe Kleinfähren.

Hier die wichtigsten Verbindungen:

- www.stenaline.de: Fähren von Frederikshavn nach Oslo und Göteborg. Die Preise variieren und sind von Saison und Fahrzeugtypen abhängig. Es gibt günstige Sonderangebote.
- www.polferries.pl: Fähren von Polen nach Rønne und Kopenhagen. Fahrpreise variieren.
- www.bornholmstrafikken.dk: Fähren von Sassnitz nach Bornholm und weiter nach Køge. Fahrpreise ab 34 Euro pro Person und 195 Euro pro PKW.
- www.colorline.de: Fähren von Hirtshals nach Larvik und Kristiansand. Reisepakete gibt es ab 200 Euro. Günstige Angebote und Kombinationen in der Nebensaison.
- www.dfdsseaways.co.uk: Günstige Verbindungen von Esbjerg nach Harwich und von Kopenhagen nach Oslo.
- www.kystlink.de: Fähren von Hirtshals nach Langesund ab 130 Euro.
- www.smyril-line.com: Fähren auf die Färöer-Inseln ab 250 Euro und nach Island ab 800 Euro. Ferner werden Verbindungen nach Schottland angeboten.
- www.scandlines.de: Fähren von Puttgarden nach Rødby kosten zwischen 80 und 155 Euro. Fähren von Rostock nach Gedser kosten 80 bis 155 Euro und Fähren von Sassnitz nach Rønne kosten 89 bis 220 Euro. Alle Fahrpreise sind abhängig vom Fahrzeugtyp und der Fahrzeit.

- www.fjordline.dk: Fähren von Hanstholm nach Kristiansand, Egersund, Bergen und Haugesund. Die Preise für die einfache Überfahrt liegen bei 30 Euro pro PKW.
- www.visitfjordenrundt.dk: Fähren über den Limfjord von Mors nach Thy. Die Fähren fahren alle 20 Minuten und die Fahrtzeit beträgt fünf Minuten.
- www.mols-linien.de: Die Fähren verbinden Jütland mit Seeland, wie zum Beispiel Ebeltoft mit Odden.
- www.anholt.dk: Fähren von Greena nach Anholt. Die Fahrpreise sind von der Saison abhängig.
- www.randersfjord-faerger.dk: Fähren über den Randersfjord. Die Fahrpreise schwanken zwischen 15 und 90 DKK.
- www.aeroe-ferry.dk: Fährenverbindungen Faaborg-Søby, Svendborg-Ærøskøbing und Rudkøbing-Marstal.
- www.samsoelinien.dk: Fähren von Kolundborg nach Samsø. Die Fahrpreise liegen bei 625 DKK.
- www.oen-endelave.dk: Fähre von Horsens nach Endelave.
- www.alstrafikken.dk: Fährverbindungen Bøjden nach Fynshav. Bis zu acht Abfahrten täglich.
- www.oe-faergen.dk: Tägliche Fährverbindungen von Faaborg nach Avernakø und von Faaborg nach Lyø.
- www.syltfaehre.de: Fährverbindung zwischen der Insel Rømø und der Insel Sylt. Die Fahrpreise für die einfache Fahrt liegen ab 41 Euro. Die Insel Rømø erreicht man kostenlos über einen Straßendamm.

11.3.5 Flughäfen und Fluggesellschaften

In Dänemark gibt es nur wenige Flughäfen. Der einzige Großflughafen, der über sehr gute Verbindungen in alle Welt verfügt, ist Kopenhagen Kastrup. Der Flughafen Billund ist sehr gut ausgebaut und bietet tägliche Verbindungen zu den Touristenhochburgen rund um das Mittelmeer an.

In Århus und Aalborg befinden sich kleine Flughäfen, die neben der täglichen Verbindung nach Kopenhagen die Touristenhochburgen am Mittelmeer bedienen.

Darüber hinaus gibt es in der Nähe vieler dänischer Städte einen regionalen Flughafen, der in der Regel über mindestens eine tägliche Verbindung nach Kopenhagen verfügt. Jedoch werden diese Flüge mit sehr kleinen Maschinen und oft sogar mit Hubschraubern durchgeführt. Viele Dänen nutzen die nahe gelegenen deutschen Flughäfen in Hamburg und Westerland/Sylt.

Hier eine Übersicht der dänischen und der grenznahen Flughäfen:

- Flughafen Kopenhagen-Kastrup: www.cph.dk
- Flughafen Århus: www.aar.dk
- Flughafen Aalborg: www.aal.dk
- Flughafen Billund: www.billund-airport.de
- Flughafen Westerland: www.flughafen-sylt.de
- Flughafen Hamburg: www.ham.airport.de

Es gibt nur wenige Flugverbindungen zwischen Deutschland und Dänemark. Die meisten Flugbewegungen zählt der Hauptstadtflughafen. Dänemark besitzt keine Staatslinie. Die Fluggesellschaft „SAS" Scandinavian Airlines ist eine Partnergesellschaft der Länder Dänemark, Schweden und Norwegen. Cimber-Air und Sterling sind rein dänische Fluggesellschaften. Folgende Airlines bieten Flugverbindungen von Deutschland nach Dänemark:

- **Air Berlin**: AB bietet Direktverbindungen von Kopenhagen nach Düsseldorf und nach Berlin-Tegel. Ferner verbindet die Linie die Insel Sylt mit den Städten Berlin, München, Stuttgart und Düsseldorf. Ab Hamburg fliegt Air Berlin nach Düsseldorf, Karlsruhe/Baden-Baden, München, Nürnberg und Stuttgart. Flüge gibt es bereits ab 29 Euro. Über Düsseldorf und Berlin verbindet die Airline viele weltweite Ziele z. B. in Asien und Amerika. Weitere Infos unter www.airberlin.de.

- **Lufthansa**: Auch Lufthansa bietet, nicht zuletzt durch die Mitgliedschaft bei Star-Alliance, gute Verbindungen nach Dänemark an. Einige Flüge werden in Zusammenarbeit mit SAS durchgeführt. Nonstop fliegt die Airline von Kopenhagen nach Frankfurt, Berlin-Tegel und Düsseldorf. Ferner bietet Lufthansa eine Direktverbindung von Frankfurt nach Billund an. Ab Westerland/Sylt fliegt die deutsche Lufthansa nach Düsseldorf, Berlin-Tegel, München und Stuttgart. Ab Hamburg geht es nach Düsseldorf, Frankfurt, Köln, München, Nürnberg und Stuttgart. Oft kann man ein Ticket für die einfache Strecke schon für unter 100 Euro erwerben. Mehr Infos gibt es unter www.lufthansa.com.
- **TUIfly**: TUIfly bietet eine Direktverbindung ab Westerland nach Köln und nach Stuttgart an. Sie verbindet zudem Hamburg mit Köln und Memmingen im Allgäu. Flüge sind schon zum Komplettpreis von 19,90 Euro zu haben. Weitere Infos unter www.tuifly.de.
- **Scandinavian Airlines**: Mit SAS hat man gute Verbindungen in alle dänischen Städte. Selbst Kleinflughäfen, wie zum Beispiel Karup in Mitteljütland, werden von der Fluggesellschaft angeflogen. Scandinavian Airlines fliegt ab Kopenhagen nach Berlin-Tegel, Hamburg, Hannover, Düsseldorf, Köln, Frankfurt, Nürnberg, Stuttgart und München. Aalborg und Århus werden mit Zwischenstopp in Kopenhagen angeflogen. Flüge nach Dänemark gibt es ab 60 Euro für die einfache Strecke, inklusive Steuern. Weitere Informationen unter www.flysas.de.
- **Cimber-Air**: Cimber-Air bietet Verbindungen von Billund nach München und Berlin-Tegel an. Bei Cimber-Air handelt es sich um eine sehr renommierte dänische Fluglinie, die den regionalen Bereich in Jütland abdeckt. Früher hat die Airline ausschließlich Zubringerflüge nach Kopenhagen durchgeführt. Tickets gibt es ab 700 DKK für die einfache Strecke. Weitere Infos unter www.cimber.dk.
- **Sterling-Air**: Sterling Air ist eine dänische Billig-Fluglinie. Die Airline ist in Dänemark sehr beliebt und vergleichbar mit Air Berlin. Leider bietet sie zurzeit nur eine Verbindung nach Deutschland an. Ab 350 DKK für den einfachen Flug geht es von Kopenhagen nach Berlin-Tegel. Mehr Informationen findet man unter www.sterling.dk.

- **British-Airways**: Die britische Fluggesellschaft bietet eine Verbindung von Düsseldorf nach Billund an. Hin und wieder gibt es Angebote, aber im Normalfall kostet der Flug um die 2000 DKK. Nach oben ist der Preis offen. Mehr Infos gibt es unter www.british-airways.com.

11.3.6 Busse

Nur in den Großstädten Kopenhagen, Århus, Aalborg, Esbjerg und Odense findet man ein gut ausgelegtes Nahverkehrsnetz. Je ländlicher das Gebiet ist, desto weniger Busse und Züge verkehren. In Nord- und Mitteljütland sind die Busse meist unpünktlich und verkehren nur stundenweise. Wer keine Haltestelle oder keinen Haltepunkt in der Nähe hat, geht einfach zur nächsten großen Straße und hält den Bus per Handzeichen an. Man kann an jedem beliebigen Punkt zusteigen. Das Gleiche gilt auch für das Fahrtziel. Man darf nur nicht vergessen, den Busfahrer früh genug über die Ausstiegs-Pläne zu informieren. Einen Fahrplan mit allen Verbindungen findet man unter www.rejseplanen.dk.

Informationen zu allen existierenden Bahnstrecken, Buslinien und Flugverbindungen, regional und landesweit, findet man unter www.rejseplanen.dk.

11.4 PKW

11.4.1 Versicherung

Um ein Auto in Dänemark anzumelden, benötigt man einen sogenannten „Forsikringsbevis til brug for indregistrering". Den erhält man bei einer Versicherung. Wie hoch die Versicherungsbeiträge sind, hängt von verschiedenen Kriterien ab. Es gibt allerdings satte Rabatte, wenn man verschiedene Versicherungsverträge bei einem Konzern abschließt. Informationen zu Versicherungsgesellschaften findet man unter www.krak.dk.

11.4.2 Steuer

Die PKW-Steuer nennt sich in Dänemark „Ejerafgift". Für alle Fahrzeuge ab Baujahr 1997 errechnet sich die Steuer nach dem Verbrauch. Hier gilt: Je höher der Verbrauch, desto höher die Steuer. Ältere Fahrzeuge werden nach dem zulässigen Gesamtgewicht besteuert. Hier gilt: Je höher das Gewicht, desto höher die Steuer. Mehr Infos, auch mit Berechnungsmöglichkeiten, findet man unter www.hvorlangtpaaliteren.dk oder www.nysynet.dk.

11.4.3 Autowartung und Unterhaltung

Zurzeit ist Benzin in Dänemark billiger. Der Literpreis liegt bei 8 DKK (Stand Februar 2009).

Die Reparaturkosten sind vom jeweiligen PKW und den benötigten Ersatzteilen abhängig. Es empfiehlt sich immer ein Vergleich der einzelnen Werkstätten. Generell gilt, dass Vertrags-Werkstätten wesentlich teurer sind als freie Werkstätten. Für Stammkunden oder bestimmte Berufsgruppen gibt es Rabatte. Die Preise schwanken erheblich. Daher sollte man vor der Reparatur Kostenvoranschläge einholen. Viele Werkstätten verlangen einen Aufpreis für die Reparatur von französischen Fahrzeugen. Grund dafür ist, dass bei vielen französischen Modellen der gesamte Motor ausgebaut werden muss, um ein kleines Ersatzteil auszutauschen. Generell sind Ersatzteile in Deutschland billiger. In ländlichen Gebieten werden Fahrzeuge auch gerne „schwarz" repariert. Wer schnell Kontakte knüpft, wird auch bald einen Mechaniker finden, der nach Feierabend Fahrzeuge repariert! Werkstätten und Schrotthändler findet man unter den Stichworten „Autodele", „Autoreservedele", „Auto-Specialværkstedt", „Autoværksted", „Autoteknik", „Autoforhandlere" „Autoreparationer" im örtlichen Telefonbuch oder unter www.krak.dk.

11.4.4 Autokauf

Autos sind in Dänemark viel teurer als in Deutschland. Da gilt nicht nur für Neuwagen. Auch die Kosten für gebrauchte Fahrzeuge sind enorm hoch. Beim PKW-Kauf sollte man darauf achten, dass der Einfuhrzoll und die Registrierungsgebühr bereits bezahlt sind. Hier eine Übersicht der Anschaffungskosten (Stand September 2009):

- Mercedes 190, 2,0, 4d, BJ 1988, 330000 km, DKK 39.800
- Mercedes B200, 2,0 CDI, 5d, BJ 2006, 59000 km, DKK 439.800
- Mercedes C180, 1,8 Classic, 4d, BJ 1998, 10000 km, DKK 219.000
- VW Golf TDI, Trend line, 3d, BJ 2009, 24000 km, DKK 224.900
- VW Golf automatic, 1,8, 3d, BJ 1995, 130000 km, DKK 57.800
- VW Passat 1,6 Trendline 102, 4d, BJ 2004, 67000 km, DKK 249.900
- VW Touran, 1,4 TSI, 140 Trendline 5d, BJ 2007, 34000 km, DKK 344.900
- VW Touareg 2,5 TDI, 5d, BJ 2007, 17000 km, DKK 689.900
- Ford Fiesta 1,1 i, CL, 3d, BJ 1990, 117000 km, DKK 34.800
- Ford Mondeo 1,6 Ambiente, 110, BJ 2007, 9000 km, DKK 279.900

Autohändler sucht man unter den Stichworten „Biler" und „Autoforhandlere" bei www.krak.dk. Neu- und Gebrauchtwagen kann man unter www.bilbasen.dk online erwerben.

11.4.5 Führerschein

Ein deutscher oder internationaler Führerschein kann in Dänemark problemlos genutzt werden. Einen dänischen Führerschein erhält man gegen Vorlage des gültigen deutschen Führerscheines bei der örtlichen Polizeistation. Dänische Führerscheine sind immer nur bis zum 70. Lebensjahr gültig. Danach muss der Besitzer einen Arzt konsultieren, der seine Fahrtüchtigkeit bescheinigt. Erst dann wird der Führerschein um vier Jahre verlängert. Ab dem 80. Lebensjahr muss die Fahrtüchtigkeit jährlich durch einen Arzt bescheinigt werden.

Weitere Informationen rund um das Thema Führerschein erhält man unter www.politi.dk oder beim dänischen Verkehrsministerium Trafikkministeriet unter www.trm.dk:

11.4.6 Wichtige Übersetzungen für den Notfall

Ich habe eine Panne.	Jeg har motorstop.
Der Motor startet nicht.	Motoren starter ikke.
Ich habe den Schlüssel stecken lassen.	Jeg har efterladt nøglerne i bilen.
Das Benzin ist alle.	Jeg er løbet tør for benzin.
Wo ist die nächste Werkstatt?	Findes der et værkstedt i nærheden?
Können Sie mich abschleppen?	Kann du tage min bil på slæb?
Können Sie mir einen Abschleppwagen schicken?	Kann du sende mig en bugseringsvogn?
Können Sie den Wagen reparieren?	Kann du reparer bilen?
Achtung!	Pas på!
Vorsicht!	Pas på!
Rufen Sie schnell einen Krankenwagen!	Kald hurtig en ambulance!
Rufen Sie schnell die Polizei!	Kald hurtig politiet!
Rufen Sie schnell die Feuerwehr!	Kald hurtig brandvæsenet!
Es war (nicht) meine Schuld.	Det var (ikke) min skyld.
Geben Sie mir bitte Ihren Namen/Adresse/ Angaben zur Autoversicherung.	Venligst giv mig dit navn/din adresse/ oplysningerne om din bilforsikering.
Es ist ein Unfall passiert.	Vi har været ude for et biluheld.
Wo ist die nächste Polizeistation?	Hvor er den nærmeste politistation?
Ich möchte eine Anzeige erstatten.	Jeg vil gerne anmelde noget.
Mein Auto wurde aufgebrochen.	Der har været inbrud på min bil.
Verständigen Sie bitte das deutsche Konsulat.	Kan de venligst underrette det tyske konsulat.

11.5 Preise

Die Lebensmittelpreise sind deutlich höher als in Deutschland. Die Höhe der dänischen Mehrwertsteuer liegt bei 25 %. Die Mehrbelastung der Haushaltskasse wird von Auswanderern meist unterschätzt. Nicht immer kann der höhere Lohn die Mehrausgaben decken. Neben Genussmitteln wie Tabak, Zigaretten und Alkohol sind auch die Grundnahrungsmittel sehr teuer. Die Preise für Obst und Gemüse liegen um mindestens 20 %

höher als in Deutschland. Beim Bauern kann man Obst und Gemüse der Saison etwas günstiger einkaufen.

Auch die Preise für heimische Produkte, wie zum Beispiel Tulip-Schinken oder Buko-Käse, liegen bis zu 50 % über dem deutschen Preisniveau. Nur im Supermarkt sind die Preise für Brot und Fleisch human. Wer direkt beim Bäcker und beim Metzger kauft, muss tiefer in die Tasche greifen. Für Toast- und Knäckebrot zahlt man das Doppelte.

Preisbeispiele (Stand Dezember 2009):

- 500 g Butter: 1,40–1,70 Euro
- 250 g Salami: 2–3 Euro
- 500 g Gouda: 8 Euro
- 200 g Schmierkäse, z. B. Buko: 2–3 Euro
- Eine Packung Knäckebrot: 2–3 Euro
- Eine Packung Toastbrot: 1,80–2,50 Euro
- 1 Liter Milch: 1,40 Euro
- 1 Glas Marmelade: 2,50–3 Euro
- 1 kleines Glas Nutella: 4,50 Euro
- 1 Becher Fruchtjoghurt: 1 Euro
- 1 Packung Reis: 2–3 Euro
- 1 Beutel tiefgefrorene Fritten: 2 Euro
- 500 g tiefgefrorenes Seelachsfilet: 5–8 Euro
- 1 Kilo Schweinebraten: 10–25 Euro
- 1 Packung tiefgefrorener Fischstäbchen: 3 Euro
- 1 Konserve Erbsen und Möhren: 2 Euro
- 1 Glas Gurken: 1–3 Euro
- 10 Eier: 3–5 Euro
- 500 g frische Pilze: 3 Euro
- 1 Glas Senf: 2 Euro
- 1 Tube Remoulade: 2–3 Euro
- 1 Kilo Zwiebeln: 3 Euro
- Cornflakes: 4 Euro
- 1 frische Knoblauchknolle: 3 Euro

11.6 Banken

In Dänemark gibt es knapp 200 verschiedene Banken. Die mit Abstand größte Bank ist die „Danske Bank". Es gibt viele kleine Lokalbanken, die nach Gebieten benannt sind, wie zum Beispiel „Salling-Bank". Zudem gibt es eine ganze Reihe Sparkassen. Diese Sparkassen sind allerdings Anstalten des öffentlichen Rechtes. Auswanderer können bei jeder beliebigen Bank ein Konto eröffnen. Viele Firmen arbeiten mit einer bestimmten Bank zusammen und eröffnen automatisch ein Lohnkonto für den neuen Mitarbeiter.

11.6.1 Kontoeröffnung

Hat man die richtige Bank gefunden, dann steht einer Kontoeröffnung nichts im Wege. Das Girokonto kann in der Regel zu jeder Zeit wieder gekündigt werden, so dass ein eventuell notwendiger Bankwechsel kein Problem darstellt.

Die Verzinsung des Guthabens auf dem Girokonto liegt im Höchstfall bei 2,5 %. Es gibt auch Banken, die keine Zinsen zahlen.

Für die Eröffnung eines Girokontos benötigt man einen gültigen Reisepass oder Personalausweis, eine CPR-Nummer und einen gültigen Arbeitsvertrag. Manche Banken verlangen auch die Nachweise über das letzte vorhandene Konto in Deutschland, EC-Karte oder Kreditkarte. Genau wie in Deutschland kann man über das Guthaben auf dem Girokonto frei verfügen und Überweisungen tätigen. Auch Lastschriftverfahren und Daueraufträge sind möglich. Jeder Bankkunde erhält eine Bankkarte, mit der er überall Geld abheben kann. Die Gebühren für ein Girokonto schwanken erheblich. Handelt es sich um die Hausbank des zukünftigen Arbeitgebers, dann fallen oft keine Gebühren an, oder viele Leistungen, wie zum Beispiel Online-Banking, sind kostenlos.

11.6.2 Budgetkonto

In Dänemark ist es üblich, dass man neben dem Girokonto noch ein Budgetkonto einrichtet. Vom Girokonto wird monatlich Geld auf das Budgetkonto überwiesen. Dieses Geld deckt die regelmäßigen Ausgaben wie Miete, Versicherungen oder die Rückzahlung eines Immobilienkredites. Dieser Service wird durch den „PBS – Bezahlungsservice" geregelt. So wird sichergestellt, dass ein zuvor bestimmter Betrag regelmäßig abgebucht wird.

11.6.3 Kreditkarten und Bankkarten

In Dänemark gibt es drei Kartenformen: die Kredit-, Abhebe- und Bezahlungskarte. Die beliebteste Kredit-Karte ist Visa. Viele Banken stellen auch Mastercard aus. Genau wie in Deutschland muss man auch in Dänemark kreditwürdig sein und regelmäßige Zahlungseingänge nachweisen, um eine Kreditkarte zu erhalten. Bei Kreditkarten werden unterschiedliche Gebühren fällig.

Die beliebteste Bezahlungskarte ist die Dankort. Viele Banken bieten mittlerweile kombinierte Karten an, wie zum Beispiel Dankort/Visa. Die Dankort wird in Dänemark und in vielen Geschäften entlang der deutsch-dänischen Grenze akzeptiert. Der Erhalt der Dankort ist natürlich kostenlos.

Mit einer Abhebekarte kann nur Geld bei der Hausbank abgehoben werden. Bei fremden Kreditinstituten wird die Karte nicht akzeptiert.

Der Verlust einer Kreditkarte sollte sofort gemeldet werden, um einem Missbrauch vorzubeugen. Für eine sofortige Sperrung gelten folgende Telefonnummern:

- „ACCEPT-Card": 43 29 54 44
- „American Express": 70 11 55 00
- „Dankort": 44 89 29 29
- „Diners Club": 36 73 73 73

- „Eurocard": 44 89 29 29
- „Master Card": 44 89 29 29
- „Visa": 44 89 29 29

Diese Service-Nummern gelten außerhalb der Geschäftszeiten. Zu den regulären Öffnungszeiten wendet man sich an die Bank.

11.6.4 Dänische Währung

Die Währung ist die dänische Krone, die neben Dänemark auch in Grönland und auf den Färöer-Inseln als Zahlungsmittel gilt. Unterteilt wird die Krone in Øre. Eine Krone entspricht dem Wert von 100 Øre. Der Code für die dänische Krone lautet „DKK" und abgekürzt wird sie mit „dkr." oder „kr.". Der Wechselkurs für die Krone beträgt:

- 1 Euro – 7,4 Kronen (Stand Februar 2010)
- 1 Krone – 0,134 Euro (Stand Februar 2010)

Es gibt sechs verschiedene Münzen zu 50 Øre sowie 1, 2, 5, 10 und 20 Kronen. Die kleinste Münze ist das 50-Øre-Stück. Beträge werden entsprechend auf- oder abgerundet.

Die Geldscheine sind in den Werten 50, 100, 200, 500 und 1000 Kronen unterteilt.

Das dänische Volk entschied sich per Volksabstimmung gegen die Einführung des Euros und für den Erhalt der dänischen Krone. Deshalb wird der Euro auch nicht als Zahlungsmittel akzeptiert. Davon ausgenommen sind einige Geschäfte und Gewerbebetriebe entlang der Grenze und in Kopenhagen, größere Flughäfen, einige Freizeitparks, Fähren von und nach Deutschland sowie die Mautstellen an den Brücken.

11.6.5 Internationale Geldtransfers

Geldtransfers zwischen Dänemark und Deutschland sind mit hohen Gebühren verbunden. Das liegt hauptsächlich an der unterschiedlichen

Währung. Die eigentliche Überweisung wird in Euro getätigt. Wer eine Auslandsüberweisung tätigen will, der muss im Besitz einer „S.W.I.F.T.-Adresse" sein. Diese Adresse beinhaltet die internationale Kontonummer und die internationale Bankleitzahl. Die internationale Kontonummer wird „IBAN" (International Bank Account Number) genannt. Die internationale Bankleitzahl ist 11-stellig und wird „BIC" (Bank Identifier Code) genannt. Eine Auslandsüberweisung ist in der Regel nur bis zu einem Betrag von 12.500 Euro möglich. Ländliche Bankfilialen tätigen oftmals keine internationalen Transfers.

11.7 Post

Auch in Dänemark ist das Porto sehr hoch. Das gilt insbesondere für Versendungen nach Deutschland. Ausführliche Informationen, Portokostenrechner und Versandbedingungen findet man auf den Seiten der deutschen und dänischen Post unter

- www.dhl.de
- www.postdanmark.dk

Die dänische Post bietet manchmal Sonderaktionen an. Es gibt dann zehn Sendungen zum Preis von neun oder günstige Briefmarkenpakete. Eine Versandkosteninformation erhält man in jeder Poststelle.

In ländlichen Gebieten steht nicht flächendeckend eine Post oder ein Briefkasten zur Verfügung. In vielen Orten wird der Postservice von den kleinen „Tante-Emma-Läden" übernommen. Dieser Dienst steht dann nur an bestimmten Tagen und zu bestimmten Zeiten zur Verfügung. Fehlen Briefkästen, dann muss die Post in einer Postfiliale oder Postservicestelle aufgegeben werden. Das gilt auch, wenn die Sendung bereits frankiert ist.

Der Versand von und nach Deutschland/Dänemark dauert in der Regel zwei Tage und ist unabhängig von der Art der Sendung. Es kann jedoch vorkommen, dass der Zoll die Sendung prüft. In diesem Fall kann es zu

Verzögerungen kommen. Zugestellt wird die Post von montags bis samstags. Je nach Gebiet erfolgt die Zustellung bereits am frühen Morgen oder erst am späten Nachmittag. Mit der Hauspost werden auch eine ganze Reihe Werbeprospekte zugestellt.

11.8 Maße, Gewichte und Zahlen

In Dänemark gilt das metrische System und somit gelten die gleichen Maße und Gewichte wie in Deutschland. Lediglich bei den Konfektionsgrößen gibt es Unterschiede. Dänische Kleidergrößen fallen größer aus.

11.8.1 Übersetzungen von Maßen und Gewichten

Kilometer	kilometer
Meter	meter
Zentimeter	centimeter
Kilogramm	Kilo
Pfund	halvt kilo
Gramm	gram
Liter	liter

11.8.2 Zahlen

Die Zahlen werden wie im Deutschen ab 20 mit „und" (og) gebildet. „Einundzwanzig" ist zum Beispiel „enogtyve".

0	nul	8	otte
1	en	9	ni
2	to	10	ti
3	tre	11	elleve
4	fire	12	tolv
5	fem	13	tretten
6	seks	14	fjorten
7	syv	15	femten

16	seksten	70	halvfjerds
17	sytten	80	firs
18	atten	90	halvfems
19	nitten	100	hundrede
20	tyve	200	tohundrede
21	enogtyve	1 000	tusind
22	toogtyve	2 000	titusind
30	tredive	10 000	titusind
40	fyrre	100 000	hundredtusind
50	halvtreds	½	en halv
60	tres	¼	en kvart

11.9 Haustiere

In Dänemark haben Haustiere nicht so einen hohen Lebensstandard wie in Deutschland. Haustiere haben zunächst einmal nur eine Nutzfunktion. Hunde werden in der Regel nur zur Überwachung von Haus und Hof gehalten. Viele Tiere sind ungepflegt und leben Sommer wie Winter in Ställen.

Aus Touristensicht bietet Dänemark alles, was Hund und Herrchen glücklich macht: Unzählige Feriendomizile für Hundebesitzer, Hundestrände entlang der gesamten Küste, Hundewälder und sogar Unterkünfte für besonders temperamentvolle Hunde. Wer auf Dauer in Dänemark leben will, sollte sich mit weitaus anderen Voraussetzungen vertraut machen. Ein Haustier hat in der dänischen Gesellschaft keinen großen Wert und wird auch so behandelt.

Es existieren in Dänemark keine Tierheime. Lediglich eine kleine Anzahl privater Pensionen (die werden zum Teil von dänischen Tierschützern finanziert) wird betrieben. Obwohl die Besitzer hervorragende Arbeit leisten, ist den Missständen nicht nachzukommen.

Streunt irgendwo ein Hund herum, kümmert sich zunächst die örtliche Polizei darum. Die fängt das Tier ein und bringt es für maximal drei Tage in einer privaten Pension unter. Eigentlich wäre sie auch verpflichtet, die Herkunft des Tieres zu recherchieren, doch dies geschieht meist nicht. Wird der Besitzer des Fundhundes nicht innerhalb von drei Tagen gefunden, wird der Hund eingeschläfert. Wird der Besitzer gefunden, dann darf der sich auf eine ganze Reihe Kosten gefasst machen. Sämtliche Unkosten, die durch das Auffinden des Hundes entstanden sind, müssen bar beglichen werden. Nur dann darf das Tier wieder mit nach Hause genommen werden.

Es liegt einzig im Ermessen der Polizei, ob der Hund überhaupt noch in eine private Tierpension gebracht oder ob er direkt eingeschläfert wird. Hunde, die krank, ungepflegt oder alt sind oder so wirken, werden mit großer Sicherheit sofort eingeschläfert. Das Gleiche gilt für Hunde, die bissig sind oder so erscheinen.

Hundebesitzer sollten folgende Vorkehrungen treffen:

- Registrieren Sie das Tier unter www.deutsches-haustierregister.de oder unter www.registrier-dein-tier.de. Dieser Service gilt zwar nur für Deutschland, aber Polizeidienststellen in den dänischen Touristenhochburgen bedienen sich gerne der dort registrierten Informationen.
- Sorgen Sie dafür, dass der Hund in der neuen Umgebung schnell bekannt wird und tauschen Sie sich mit anderen Hundebesitzern aus. Im Falle des Auffindens wird der Hund Ihnen zugeordnet und Sie werden vor der Polizei informiert oder bestenfalls wird der Hund nach Hause gebracht.
- Zäunen Sie Ihr Grundstück ein, um zu verhindern, dass der Hund wegläuft.
- Beschriften Sie das Halsband des Hundes mit Ihrer Adresse und Ihrer Telefonnummer oder bedienen Sie sich der handelsüblichen Adressanhänger. Diese gibt es in allen Tierfachgeschäften zu kaufen.
- Informieren Sie unmittelbar nach dem Verschwinden des Tieres die örtliche Polizei oder den örtlichen Falck-Dienst.

- Suchen Sie auch selbst nach dem Tier und informieren Sie Nachbarn und Passanten.
- Sollte Ihr Tier weglaufen, dann halten Sie auch in den nächsten Tagen Kontakt zur Polizei, um zu verhindern, dass das Tier eingeschläfert wird.
- Falls private Tierpensionen in der Nähe bekannt sind, so informieren Sie diese ebenfalls über das Verschwinden des Tieres.
- Informieren Sie den Tierarzt. Dieser unterhält meist Kontakte zu Tierpensionen und Tierschutzorganisationen.
- Lassen Sie Ihren Hund „chippen". So kann er Ihnen problemlos zugeordnet werden!

Hundebesitzer sollten auch das Anleinen des Tieres sehr ernst nehmen. Hunde gehören in Dänemark grundsätzlich an die Leine. An menschenleeren Stränden oder in bekannter Umgebung kann man beruhigt auch eine Ausnahme machen. Das gilt jedoch nicht für Wälder und schon gar nicht für Jagdreviere. Wildernde Hunde werden sofort und ausnahmslos erschossen. Wer sicher sein will, dass der Hund ungestört im Wald toben kann, der sollte einen der zahlreichen Hundewälder, genannt„Hundeskovene", aufsuchen. Diese eingezäunten Waldgebiete gibt es in jeder größeren Gemeinde und hier darf der Hund sich ohne Leine und zu jeder Tageszeit frei bewegen. Eine Liste dieser Einrichtungen gibt es unter www.hundeskovene.dk. Hundewälder können kostenlos genutzt werden.

Weitere nützliche Informationen zum Thema Haustiere in Dänemark gibt es unter www.hundeinfo.dk und unter www.danske-dyr.dk.

11.9.1 Steuer und Versicherung

In Dänemark wird keine Hundesteuer erhoben. Der Abschluss einer Haftpflichtversicherung ist freiwillig. Die Preise für eine Tierhaftpflichtversicherung schwanken. Einige Versicherungen bieten günstige Angebote, wenn beim gleichen Konzern gleich mehrere Versicherungen abgeschlossen werden. Eine ganze Reihe Versicherungen bieten keine Tierhaftpflicht an. Die in Deutschland abgeschlossene Versicherung gilt in der Regel nur während eines Ferienaufenthaltes in Dänemark. Bei einer Auswanderung oder Verlegung des Wohnsitzes (Halter des Hundes/Versicherungsnehmer) nach Dänemark, besteht kein Versicherungsschutz mehr.

11.9.2 Tierfachgeschäfte und Tierärzte

Tierhalter werden das deutsche Warenangebot sicherlich vermissen. Es gibt zwar einige größere Fachgeschäfte (ähnlich der Filialen von Fressnapf), doch die findet man nur in größeren Städten. Zudem ist das Warenangebot kleiner und die Preise sind höher. Kleine Fachgeschäfte gibt es so gut wie gar nicht. Landwirte kaufen das Futter im Großhandel ein und viele Katzen und Hunde werden noch mit Küchenabfällen gefüttert. In Dänemark ist ein Tier eben noch ein Tier und hat längst nicht einen so hohen Stellenwert wie in Deutschland.

Dank der Landwirtschaft gibt es aber hervorragende Tierärzte und Tierkliniken. Die Praxen sind auf dem modernsten Stand und auch die Ärzte sind sehr gut ausgebildet. Viele Praxen und Kliniken bieten Futter und Tieraccessoires an. Arzneimittel für Tiere erhält man beim Tierarzt oder in der örtlichen Apotheke. Die Preise haben in etwa deutsches Niveau.

Impfungen und medizinische Grundversorgung eines Tieres sind nicht wesentlich teurer als in Deutschland. Eine Komplett-Impfung einschließlich Tollwut liegt umgerechnet bei etwa 100 Euro. Eine Liste der ortsansässigen Tierärzte findet man im Telefonbuch oder bei www.krak.dk unter dem Stichwort „Dyrenklinik".

11.10 Behinderte

Behinderte können in Dänemark ihren Alltag sehr gut meistern. Bürgersteige sind fast immer abgerundet. Egal, ob Kino, Flughafen, Fähre oder Supermärkte – alle Einrichtungen sind behindertengerecht eingerichtet und bieten Rollstuhlfahrern ausreichend Platz. Eine ganze Reihe Strände, vor allem an der Westküste, sind für Rollstuhlfahrer zugänglich. Aus Holz gebaute Rampen oder geteerte Wege garantieren Strandspaß auch für gehbehinderte Menschen. Nirgendwo in Europa gibt es so viele Ferienhäuser, die rollstuhlgerecht eingerichtet sind. Jeder Freizeitpark verfügt über Rampen und rollstuhlfreundliche Wege. Behinderten-WCs findet man an jeder Ecke. Zudem steht jedes Personal hilfeleistend zur Verfügung.

Der größte Zusammenschluss behinderter Menschen ist der „Dansk-Handicap-Forbund". Dieser Verband bietet eine ganze Reihe Aktivitäten und Hilfestellungen für Behinderte. Dazu gehören zum Beispiel Ferienaufenthalte im In- und Ausland mit bezahlten Helfern, Konferenzen, kostenlose Campingaufenthalte, Seminare, günstige Ferienhausvermietungen usw. Viele der Mitarbeiter sprechen Deutsch und auch die Internetseite hält Informationen in Deutsch bereit. Mehr Infos unter www.dhf-net.dk.

11.11 Telefon und Internet

Der größte Telefon-Anbieter ist „TDC" und ist vergleichbar mit der Deutschen Telekom. „TDC" bietet eine ganze Reihe Angebote vom einfachen Festnetzanschluss bis hin zur Telefon/Handy/Internet-Flatrate. Eine TDC-Filiale findet man in jedem größeren Ort.

Für Auswanderer ist es empfehlenswert, einen Telefon- oder Internetvertrag bei „TDC" abzuschließen. Der Anbieter ist etabliert und ein Vertrag kann problemlos abgeschlossen und wieder gekündigt werden. Die Verträge von Kleinanbietern sind nicht immer seriös. Oft ist der Abschluss an monatliche Mindestgespräche und Laufzeiten gebunden. Nähere Auskünfte zum Erhalt eines Telefonvertrages findet man unter www.tdc.com oder in den örtlichen TDC-Filialen.

Laufende Verträge in Deutschland kann man in der Regel ohne größeren Aufwand kündigen, wenn man eine Auswanderung nachweisen kann. Für die Überbrückungszeit empfiehlt sich der Gebrauch von Kartenhandys oder öffentlichen Telefonen. Ein Handygespräch von und nach Deutschland ist sehr teuer. Telefon- und Handykarten kann man fast überall kaufen. Auch Münztelefone stehen noch in großer Auswahl zur Verfügung.

Dänische Telefonnummern bestehen aus acht Zahlen. Die örtliche Vorwahlnummer ist bereits integriert. Die letzten vier Ziffern der Telefon- oder Handynummer können vom Kunden ausgewählt werden. Die Freischaltung bzw. die Installation eines Telefonanschlusses kann bis zu drei Wochen dauern.

Weit über 80 % der Dänen sind online. Viele Hotels, Ferienwohnungen und Campingplätze verfügen über Internetanschlüsse. Die Nutzung eines Laptops dürfte für den Übergang kein Problem sein. Ansonsten gibt es in fast allen größeren Städten Internetcafés. Der Preis beträgt maximal 2,50 Euro pro Stunde. Ähnlich wie beim Telefon überfluten auch beim Internet immer mehr Anbieter den Markt. Hier den Überblick zu behalten, ist selbst für Dänen schwierig. Daher auch hier der gute Rat: Wenn man die Sprache nicht beherrscht, dann sollte man lieber direkt bei „TDC" einen Vertrag abschließen, denn so vermeidet man böse Überraschungen.

Vorwahl-Nummern:

- Dänemark 0045
- Deutschland 0049
- Österreich 0043
- Schweiz 0041
- Grönland 00299
- Färöer-Inseln 00298

11.12 Wehrpflicht

Wer vor seinem 18. Geburtstag nach Dänemark auswandert und deutscher Staatbürger ist, muss für Deutschland den Wehrdienst ableisten. Grundsätzlich gilt hier zunächst die allgemeine Wehrpflicht, die besagt, dass alle Männer, die das 18. Lebensjahr vollendet haben und die im Sinne des Grundgesetzes Deutsche sind, verpflichtet sind, Wehrdienst,

Zivildienst oder anderen Ersatzdienst nach dem Wehrpflichtgesetz abzuleisten. Das Gesetz findet auch Anwendung bei allen deutschen Männern, die im Ausland leben.

Auswanderer sollten unbedingt beachten, dass alle männlichen Personen nach Vollendung des 17. Lebensjahres eine Genehmigung des zuständigen Kreiswehrersatzamtes einzuholen haben, wenn sie Deutschland länger als drei Monate verlassen wollen! Das Gleiche gilt, wenn sie den genehmigten Aufenthalt über drei Monate hinaus ausdehnen wollen. Jede Zuwiderhandlung stellt einen Passversagungsgrund dar!

Ausnahmen gelten nur, wenn das zuständige Kreiswehrersatzamt genehmigt, dass die allgemeine Wehrpflicht, aufgrund der Verlegung des ständigen Aufenthaltsortes von Deutschland nach Dänemark, ruht.

Für alle Personen ruht die deutsche Wehrpflicht, wenn es sich um Auslandsdeutsche handelt, die ihren ständigen Wohnsitz/Aufenthalt und die gesamte Lebensgrundlage nachweislich in Dänemark haben und dies auch weiterhin beabsichtigen. Die Kontrollen sind streng und Nachweise müssen lückenlos erbracht werden.

Alle Wehrpflichtigen, die sich zur Ausbildung in Dänemark aufhalten, müssen Wehrdienst leisten. Das gilt insbesondere, wenn die in Deutschland lebenden Eltern die Ausbildung unterstützen. Ähnlich sieht es bei Personen aus, die sich zwar ständig im Ausland aufhalten (auch mit Genehmigung), aber die Lebensgrundlage noch in Deutschland haben. Dazu gehören zum Beispiel Handelsreisende, Firmenvertreter, Entwicklungshelfer und Beamte.

Wer im Besitz der dänischen und der deutschen Staatsbürgerschaft ist und bereits bei der dänischen Armee Wehrdienst abgeleistet hat, kann unter Umständen von der deutschen Wehrpflicht befreit werden. Hierzu muss eine schriftliche Anfrage auf dem Postweg gestellt werden. Adresse:

Bundesamt für Wehrdienst –WE 1–
Postfach 2963
53019 Bonn

Wer zwei Staatsbürgerschaften besitzt und für die ausländischen Streitkräfte oder vergleichbaren bewaffneten Verbände – ohne Zustimmung der deutschen Verbände – Wehrdienst ableistet, verliert automatisch die deutsche Staatbürgerschaft.

11.12.1 Zivildienst

Für Zivildienstleistende gelten andere Regeln. Ein im Ausland abgeleisteter Zivildienst wird in Deutschland anerkannt, wenn es sich um einen sogenannten „anderen Dienst im Ausland" handelt. Auch ein Freiwilliges Soziales Jahr kann angerechnet werden. Man muss darauf achten, dass sich der abgeleistete Dienst mit dem Zivildienstgesetz zur Nichtheranziehung zum Wehrdienst vereinbaren lässt. Anfragen dazu stellt man beim Bundesamt für den Zivilschutz unter www.zivildienst.de.

Alle weiteren Infos findet man unter www.kreiswehrersatzamt.de und www.bundeswehr.de.

11.13 Schwangerschaft, Geburtsurkunde, Sorgerecht

11.13.1 Betreuung von Schwangeren

Schwangere werden in Dänemark relativ gut betreut. Medizinische Hilfe während der Schwangerschaft erhält jede Mutter unabhängig von der Versicherungskategorie. Allerdings muss zunächst beim Hausarzt eine Genehmigung zur Behandlung eingeholt werden. Kontrolluntersuchungen gibt es also nur auf Anraten des Hausarztes. Ansonsten kümmert sich nur eine Hebamme um die werdende Mutter.

Einige Untersuchungen werden erst ab der zweiten Geburt genehmigt. Ultraschall- oder Fruchtwasser-Untersuchungen werden nur im Einzelfall durch den Hausarzt angeraten. Die Genehmigung ist vom Verlauf der vorherigen Geburten abhängig. Maximal zwei Ultraschall-Untersuchungen sind kostenlos. Nur auf ausdrücklichen Wunsch des Hausarztes kann man eine Genehmigung für weitere Ultraschall-Untersuchungen erhalten. Auskunft erteilt die zuständige Hausarztpraxis oder die örtliche Kommune. Nur maximal vier Untersuchungen können während der Schwangerschaft von einem Hausarzt durchgeführt werden. Eine gynäkologische Untersuchung erfolgt nur in Ausnahmefällen. Maximal acht weitere Untersuchungen werden von einer Hebamme durchgeführt.

Die Wahl des Geburtsortes – also Krankenhaus, Klinik, Geburtshaus oder Hausgeburt – kann die Schwangere selbst bestimmen. In Dänemark gibt es 29 Krankenhäuser, die über eine Geburtshilfeabteilung verfügen.

Hier erhalten werdende Mütter Rat und Unterstützung:

- www.sst.dk
  Erteilt Auskunft über Geburtsabteilungen, Krankenhäuser und alternative Einrichtungen.
- www.personenregistrering.dk
  Hier gibt es alle Infos zu Geburtsvorbereitungskursen, und man kann kostenlos Produkte und Broschüren bestellen.
- www.taenk.dk, www.gravidivand.dk und www.sikkertrafik.dk
  Enthält Informationen über die verschiedenen Geburtsorte.
- www.fogf.dk
  Hier erfährt man alles zum Thema Schwangerschaft und Geburt.
- www.sca.dk
  Hier kann man kostenlose Broschüren bestellen.
- www.libero.dk
  Hier gibt es Tipps und Hilfestellungen während der Schwangerschaft und man kann kostenlose Produkte bestellen.

In der Regel gibt es auch Broschüren und weiteres Informationsmaterial in allen Kliniken und Krankenhäuser.

11.13.2 Geburten

Ein in Dänemark geborenes Kind erwirbt die deutsche Staatsbürgerschaft, wenn mindestens ein Elternteil die deutsche Staatsbürgerschaft besitzt. Nach der Geburt des Kindes muss man sich umgehend an die örtliche Kommune oder an die Kirche wenden. Die Zuständigkeit ist abhängig vom Geburtsort. Dort erhält das Kind sofort eine CPR-Nummer und eine dänische Geburtsurkunde (fødselattest). Dazu benötigt man den Namen und das Geburtsdatum des Kindes. Auf Anfrage erhält man dort auch eine internationale Geburtsurkunde.

Eine deutsche Geburtsurkunde ist nur über die Deutsche Botschaft in Kopenhagen erhältlich. Dort muss förmlich ein Antrag auf die Ausstellung einer deutschen Geburtsurkunde gestellt werden. Dies kann jedoch etwas dauern, denn der Antrag wird zunächst an das Standesamt für Deutsche mit Auslandswohnsitz in Berlin geschickt. Dort wird die Geburtsurkunde ausgestellt. Welche Unterlagen dafür benötigt werden, ist von vielen Kriterien abhängig. Daher sollte man sich zunächst an die Botschaft wenden.

Für den Erhalt eines Passes ist die dänische oder die internationale Geburtsurkunde erforderlich. Für jedes deutsche Kind, das in Dänemark lebt und dort seinen gewöhnlichen Aufenthalt hat, gilt das dänische Sorgerecht.

Weitere Infos erhält man bei der Deutschen Botschaft:

Botschaft der Bundesrepublik Deutschland
Stockholmsgade 57 DK – 2100 Kopenhagen Ø
Öffnungszeiten: Montag und Mittwoch bis Freitag 09.00 Uhr – 12.00 Uhr
Dienstag 13.00 Uhr – 16.00 Uhr
Telefon: Botschaft 35 45 99 00, Pässe/Visa 35 45 99 11
www.kopenhagen.diplo.de

11.13.3 Mutterschutz und Erziehungsgeld

Werdende Mütter müssen bis vier Wochen vor der Niederkunft arbeiten und nehmen ihren Job 14 Wochen nach der Geburt wieder auf. Bestehen allerdings medizinische Einwände, so können diese Zeiten sich beliebig ändern. Der Schutz von Mutter und Kind steht im Vordergrund. Die bezahlten Ausfallzeiten sind von der Tätigkeit abhängig. Der öffentliche Dienst sichert zum Beispiel eine Schutzfrist von acht Wochen tariflich zu.

Ferner besteht die Möglichkeit, den Mutterschutz in Fürsorgetage umzuwandeln, die dann auch zu einem späteren Zeitpunkt genommen werden können. Generell besteht nach der 14. Woche das Recht auf 32 Wochen Elternurlaub. Dieser Urlaub kann von beiden Eltern genommen werden. Allerdings hat nur ein Elternteil das Recht auf Leistungen der Sozialämter. Vätern steht nach der Geburt zwei Wochen Sonderurlaub zu. Dieser Urlaub muss in den ersten 14 Lebenswochen des Kindes in Anspruch genommen werden.

Die Finanzierung der Elternzeit ist vom Arbeitgeber abhängig. Viele Tarifverträge sehen vor, dass das Gehalt während der Schwangerschaft im vollen Umfang bezahlt wird. Die meisten Arbeitgeber zahlen zudem während des Mutterschutzurlaubs den Betrag zwischen dem eigentlichen Lohn und der sozialen Leistung. Der dänische Staat hält finanzielle Leistungen bereit, die mit dem früher in Deutschland gezahlten Erziehungsgeld vergleichbar sind. Dieses Geld steht allerdings nur Personen zu, die fünf Jahre in Dänemark gelebt haben. Auswanderer können unter Umständen zusätzliche Sozialleistungen erhalten. Auskunft darüber erteilt die örtliche Kommune. Deutsche, die in Dänemark wohnen und arbeiten, haben keinerlei Anrecht auf Erziehungs- oder Elterngeld vom deutschen Staat.

11.14 Kinderkrankheiten

Die Verbreitung von Kinderkrankheiten gleicht der Situation in Deutschland. Es sind keine besonderen Vorsichtsmaßnahmen zu beachten.

Übersetzungen von Kinderkrankheiten:

Diphterie	difteri
Tetanus	stivkrampe
Keuchhusten	kighoste
Polio	Polio
Meningitis	meningitis
Masern	mæslinger
Mumps/Ziegenpeter	fåresyge
Röteln	røde hunde

Wenn das Kind kränkelt, wendet man sich zunächst telefonisch an den Hausarzt. Außerhalb der Sprechzeiten muss man sich telefonisch beim ärztlichen Bereitschaftsdienst anmelden. Erst dann erfolgt eine ärztliche Behandlung.

11.14.1 Impfungen

Die meisten Impfungen sind in Dänemark kostenlos. Alle Kinderimpfungen werden auf Wunsch von einem Hausarzt durchgeführt.

Der Impfungsplan sieht wie folgt aus:

- 3. Monat: Diphterie, Tetanus, Keuchhusten, Polio, Influenza, Meningitis
- 5. Monat: Diphterie, Tetanus, Keuchhusten, Polio, Meningitis
- 12. Monat: Diphterie, Tetanus, Keuchhusten, Polio, Meningitis
- 15. Monat: Masern, Mumps, Röteln
- 4 Jahre: Masern, Mumps, Röteln
- 5 Jahre: Diphterie, Tetanus, Keuchhusten, Polio (Auffrischungsimpfungen)

- 12 Jahre: eventuell Auffrischungen oder Erstimpfung Masern, Mumps, Röteln

Für Erwachsene sind einige Impfungen, insbesondere Auffrischungsimpfungen, kostenlos. Reiseimpfungen werden nicht bezahlt. Wenn man aus beruflichen Gründen in Länder reist, für die Impfungen vorgeschrieben bzw. empfohlen sind, übernimmt der Arbeitgeber die Kosten.

Dänische Publikationen zum Thema Impfungen erhält man unter www.sundhed.schultz.dk.

Ob und wann Impfungen stattfinden, erfährt man entweder durch Postwurfsendungen oder aus der Zeitung. Kinder-Impfungen finden in der Regel als Sammel-Impfungen stand. Einladungen dazu werden auf dem Postweg zugestellt oder von Kindergärten und Schulen verteilt.

12. Kapitel:

BRÄUCHE, TRADITIONEN, FESTE UND UMGANGSFORMEN

12.1 Feste

Feste wie Geburtstag, Hochzeit, Geburt oder Taufe sind für die Dänen von großer Bedeutung. Es ist üblich, dass die gesamte Familie, alle Freunde und Bekannte, die gesamte Nachbarschaft und die Arbeitskollegen eingeladen werden. Die Erwartungshaltung an den Festausrichter ist hoch. Es werden nur die besten Getränke aufgetischt und auch das Essen ist vom Feinsten. Einige Dänen haben extra angelegte Sparverträge, um diese Festlichkeiten finanziell stemmen zu können. Der Aufwand für solch ein Fest kann nicht groß genug sein. Viele Dänen laden die ganze Familie zum Badeurlaub nach Mallorca ein. Andere mieten eine ganze Ferienanlage oder chartern Busse für eine Kurzreise.

Auch von Neu-Dänen wird erwartet, dass man sich mit einem Fest vorstellt. Dazu sollten Nachbarn, Freunde und Kollegen eingeladen werden. Unter Nachbarn verstehen Dänen nicht nur Personen, die in unmittelbarer Nachbarschaft wohnen. Zu Festlichkeiten werden die Anwohner der gesamten Straße eingeladen, auch wenn sich deren Häuser einige Kilometer weit weg befinden. Sie werden schnell erkennen, wie wichtig Feste in Dänemark sind. Kalkulieren Sie daher in Ihrem Haushaltsbudget die zusätzlichen Kosten dauerhaft mit ein. Sie werden nicht drum herum kommen!

12.2 Weihnachten und Silvester

Das Weihnachtsfest ist eines der wichtigsten Ereignisse des Jahres. Schon Mitte November eröffnen die ersten Märkte und die Zeit der Lichter wird eingeläutet. Überall wird festlich dekoriert. Die Dekoration mancher Häuser und Straßen erinnert an die USA. Die vielen Lichter wirken „hyggelig", da in manchen Gemeinden am späten Abend die Straßenbeleuchtung ausgeschaltet wird.

12.2.1 Advent

Der Advent wird ähnlich gefeiert wie in Deutschland. Es gibt einen Adventskranz mit vier Kerzen, die Woche für Woche angezündet werden. Die Kinder haben meist auch einen Adventskalender. Ein wichtiger Bestandteil der Adventszeit ist die Adventskerze. Die Kerze ist in 24 Querstriche unterteilt und jeden Tag bis Heiligabend wird ein Querstrich abgebrannt. Damit wurde den Kindern früher das Warten auf Weihnachten erleichtert, da sie die Kerzen selbst hergestellt haben. Heute werden die Kerzen industriell hergestellt.

12.2.2 Nisser

Die wichtigsten Figuren des Weihnachtsfestes sind die Kobolde, die in Dänemark „Nisser" genannt werden. In den Schulen und Kindergärten sind Nisser allgegenwärtig. Jede Klasse und jede Kindergartengruppe hat einen eigenen Nisser. Dieser Nisser wird jeden Tag von einem anderen Kind mit nach Hause genommen. Das Gastgeberkind muss sich Nisser-Streiche ausdenken und darüber erzählen. Zur Belohnung darf das „Nisser-Gastkind" dann ein Törchen des Adventskalenders öffnen. Es ist üblich, dass jedes Haus mindestens einen „Nisser" hat. An Heiligabend wird eine Schüssel mit Reisbrei auf den Dachboden gestellt. Der Sage nach will man so die kleinen Weihnachtskobolde selig stimmen und hofft, dass sie das ganze Jahr über nicht zu einer Plage werden. In den Städten finden sich oft größere Kinder, die als „Nisser" verkleidet durch die Straßen ziehen und Süßigkeiten an kleinere Kinder verteilen.

12.2.3 Weihnachtsfeiern und Julefrokost

In den Firmen fiebert man der „Julefrokost" entgegen. Die „Julefrokost" ist das betriebliche Weihnachtsfest. Auf solchen Festen geht es heiß her und man sollte sich vorher gründlich überlegen, ob man an den Feierlichkeiten teilnimmt. Zwar haben Weihnachtsfeiern auch in Deutschland keinen sonderlich guten Ruf, aber sie sind geradezu seriös, wenn man sie mit Dänemark vergleicht. Es wird auch sehr großen Wert darauf gelegt, dass diese Feste nur für Betriebsangehörige ausgerichtet werden. Das Mitbringen der Ehepartner ist meist nicht erlaubt. Dafür gibt es ein Sommerfest, das allerdings nur wenige Arbeitnehmer besuchen! Traditionell wird reichlich Alkohol getrunken. Dann fallen meist alle Hemmungen und so manche Ehe geht nach dem Besuch der „Julefrokost" auseinander. Es gibt aber auch sehr viele Gegner dieser Feiern, die diese Tradition bewusst boykottieren.

Die „Julefrokost" wird auch unter Familien, Nachbarn oder Freunden gefeiert.

Einen Tag vor Heiligabend verteilen einige Firmenchefs Geschenke an die Mitarbeiter. Oft werden auch mit Spannung die Gratifikationen erwartet.

12.2.4 Weitere Weihnachtstraditionen

Eine weitere Weihnachtstradition ist die „Julehjerte". Das sind kleine Weihnachtsherzen in den Nationalfarben, die aus verschiedenen Materialien geflochten werden. Diese finden Verwendung in Privathaushalten, in Geschäften, in Schulen und anderen öffentlichen Bereichen.

Das dänische Fernsehen strahlt den „Julekalender" aus. Dieser wird täglich bis einschließlich 24. Dezember gesendet.

In ländlicheren Gebieten findet man den „Julebok". Der „Julebok" ist ein aus Stroh geflochtener Ziegenbock. Er trägt die Geschenke und darf daher unter keinem Weihnachtsbaum fehlen.

Der Weihnachtsbaum wird natürlich selbst geschlagen. Überall finden sich Baumplantagen. Hier kann man auch Sägen, Seile oder bei Bedarf eine Axt ausleihen. Nach getaner Arbeit trifft man sich dann am „Gløggstand", vergleichbar mit der deutschen Glühweinbude. Hier wird der traditionelle „Gløgg" getrunken.

Der „Gløgg" ist ein skandinavischer Glühwein, aus Rotwein, Korn, oft auch Wodka, Rosinen, Mandeln und Gewürzen. Dazu werden „Lussekatter" oder

„Æbleskiver" gereicht. „Lussekatter" sind süße Hefebrötchen mit Safran. „Æbleskiver" sind kleine Krapfen, die meist mit Marmelade gefüllt und mit Puderzucker bestreut sind. Der „Gløgg" ist in der Vorweihnachtszeit allgegenwärtig. Er wird sogar am Arbeitsplatz getrunken!

Bierfreunde kommen ebenfalls voll auf ihre Kosten, denn in allen dänischen Brauereien wird das sogenannte „Julebryg" gebraut. Das „Julebryg" ist ein traditionelles Weihnachtsbier, das wesentlich stärker ist als herkömmliches Bier. Der erste Ausschank wird riesengroß gefeiert als „J-Dag". An diesem Tag sind alle Kneipen voll. In Supermärkten und Geschäften kann man es nur in limitierter Auflage kaufen und daher herrscht am ersten Verkaufstag oft Gedränge in der Getränkeabteilung.

Eine Woche vor dem Weihnachtsfest wird der Endspurt eingeläutet! Kindergärten, Schulen und Unternehmen drosseln den Betrieb. In dieser Zeit wird meistens unter Kollegen gewichtelt. Sehr beliebt ist auch die Weihnachtslotterie. Arbeitnehmer können Lose kaufen und kleine Preise gewinnen. Vom Erlös werden die Preise für das nächste Jahr gekauft. Zu dieser Zeit ist es auch üblich, dass man sich mit kleinen Geschenken bedankt, zum Beispiel bei den Kindergärtnerinnen oder der Postbotin. Einige Nachbarn pflegen auch die Traditionen der „Julefrokost" und laden zum mehrstündigen Fisch- und Fleischessen ein. Dazu wird meist „Gammel Dansk" und Aquavit gereicht.

12.2.5 Der kleine Heiligabend

Ganz Dänemark feiert am 23. Dezember den kleinen Heiligabend. Jetzt geht das Weihnachtsfest in die Finalrunde! Alle sind auf den Beinen und jeder wird in die weihnachtliche Stube eingeladen. Freunde und Nachbarn helfen sich gegenseitig beim Schmücken und Aufstellen des Weihnachtsbaumes oder bei der Anbringung der Außenbeleuchtung. Danach gibt es kleine Häppchen und natürlich fließt wieder der Alkohol. Viele Dänen empfinden den kleinen Heiligabend am 23.12. als den anstrengendsten Tag des Jahres. Oft gerät dieser Tag auch außer Kontrolle, wenn mal wieder der Alkohol zum Mittelpunkt wird. Manche sind schon mitten in den Weihnachtsvorbereitungen stecken geblieben und schafften es nicht mehr, rechtzeitig den Baum aufzustellen. Andere hatten vom Vortag einen derartigen Kater, dass der Heiligabend ausfiel! Am kleinen Heiligabend ist also Vorsicht geboten – gerade dann, wenn der Nachbar zum „Julebryg" einlädt. Wer bis zum Heiligabend durchhält, der findet sich im Kreis der Familie wieder.

12.2.6 Die Weihnachtsfeiertage

Für die Dänen ist Weihnachten eine Familienzusammenkunft. Die Flughäfen und Autobahnen sind voll. Jeder reist zu seinen Verwandten, um Weihnachten zu feiern. Der Heiligabend wird nur innerhalb der Familie gefeiert. An diese Tradition halten sich alle. Dieser Grundsatz wird sehr ernst genommen. Wer alternative Weihnacht feiert, findet sich schnell am Rande der Gesellschaft wieder.

Sind alle Familienmitglieder unter dem Weihnachtsbaum versammelt, wird der traditionelle Reisbrei serviert. Im Reisbrei ist eine Mandel versteckt, und wer die Mandel findet, erhält ein Geschenk. Beim Weihnachtsmahl sind den Kochkünsten keine Grenzen gesetzt. Hier ist alles erlaubt. Manche servieren Ente, Truthahn oder einen köstlichen Braten. Andere gestalten ein kalt-warmes Buffet oder servieren Meerestiere in allen Varianten. Entweder vor oder nach dem Festmahl werden die Geschenke ausgepackt. Da hat jede Familie ihre eigene Vorstellung. Viele Dänen sind so vaterlandstreu, dass es durchaus normal ist, dass der Weihnachtsbaum in den Nationalfarben dekoriert wird. Manche schmücken ihn auch mit dänischen Fahnen. Das Christkind kennt der Däne nicht. Hier kommt der „Julemand" und beschenkt die Kinder. Damit alles pünktlich fertig wird und auch jedes Kind an Weihnachten ein Geschenk erhält, wird der „Julemand" von den „Nissern" unterstützt. Viele Familien tanzen auch um den Weihnachtsbaum herum und singen fröhliche Lieder. Dazu tragen sie den traditionellen „Nissehue". Der „Nissehue" ist eine rot-weiße Zipfelmütze. Diese Mützen gibt es überall und in allen Größen, Designs und Preisen zu kaufen. Die Kinder tragen oft in der gesamten Vorweihnachtszeit einen „Nissehue".

- 24. Dezember: „Jule-Aftensdag"
- 25. Dezember: „Juledag"
- 26. Dezember: „2. Juledag"

12.2.7 Beliebte dänische Weihnachtslieder

In Dänemark ist das Weihnachtsfest wesentlich fröhlicher als in Deutschland. Die allgemeine Heiterkeit spiegelt sich auch in den Melodien und Titeln dänischer Weihnachtslieder wieder. Diese sind eher mit deutschen Karnevalsliedern vergleichbar. Es gibt eine ganze Reihe Weihnachtslieder – hier die beliebtesten:

„Der bor en lille nissemand" (Melodie: „Es tanzt ein Bi-ba-butzemann")

Der bor en lille nissemand
På loftets mørke rum
Bummelum
Der bor en lille nissemand
På loftets lille rum.
Han tramper rundt,
Han stamper rundt,
Han spiser grød, for det er sundt.
Der bor en lille nissemand på loftets mørke rum

„Et barn er født i Bethlehem"

Et barn er født i Bethlehem
Bethlehem
Thi glæder sig Jerusalem
Halleluja
Halleluja

En fattig jomfru sad i løn
Sad i løn
Og fødte himlens kongesøn
Halleluja
Halleluja

Han lagdes i et krybberum
Krybberum
Guds engle sang med fryd derom
Halleluja
Halleluja

Guds kære børn vi blev på ny
Blev på ny
Skal holde jul i himmelby
Halleluja
Halleluja

På stjernetæpper lyse blå
Lyseblå
Skal glade vi til kirke gå
Halleluja
Halleluja

Ham være pris til evig tid
Evig tid
For frelser bold og broder blid
Halleluja
Halleluja

Melodi: „Gå glad i bad"

Vi vil ha´ jul
Syng ju-bi-du ææ
Heksen hun skal trylle julen frem
Vi vil ha´ jul
Syng ju-bi-du ææ
Så julemanden kommer hjem igen

12.2.8 Silvester und Neujahr

Silvester wird unterschiedlich gefeiert. Familienbewusste feiern gemütlich zu Hause. Oft wird Fisch gegessen, meistens Kabeljau. Im Kreise der

Familie werden Gesellschaftsspiele gespielt. Um Mitternacht wird mit Sekt oder Champagner angestoßen und das neue Jahr wird mit dem Lied „Vær velkommen Herrens år" begrüßt. Wer es lieber turbulent mag, lädt Freunde, Nachbarn und Kollegen ein. Motto-Partys mit Verkleiden, Raketen, Luftschlangen und Musik sind weitverbreitet. Überall kann man Kostüme, Perücken und Hüte kaufen.

Das neue Jahr „Nytår" wird mit einem Umzug durch die Gemeinde begrüßt. Früher beging man dann kleine Untaten. Man versteckte oder vertauschte zum Beispiel Sachen. Doch heute geraten die Umzüge, gerade bei jungen Leuten, immer häufiger außer Kontrolle. Oft werden z.B. Briefkästen mit Silvester-Knallern bestückt und angezündet. Diese Unart hat mittlerweile unter Jugendlichen schon fast Tradition. Hausbesitzer kleben ihre Briefkästen vorsichtshalber zu oder montieren sie zur Jahreswende ganz ab.

Um Mitternacht läuten überall die Kirchenglocken und Raketen und Böller jagen in den Himmel. Doch Vorsicht: Es ist nicht erlaubt, Feuerwerk aus anderen Ländern nach Dänemark zu importieren und es zu zünden. Die Gesetze sind hier sehr streng. Raketen und Knaller sollten nur in lizensierten Geschäften in Dänemark gekauft werden.

12.2.9 Lucia-Tag

Es gibt noch ein sehr wichtiges Fest, dass im Dezember gefeiert wird – der sogenannte Lucia-Tag. An diesem Tag kehrt das Licht zurück, denn es ist der Tag der Wintersonnenwende. Ab jetzt werden die Tage wieder länger. Dieses Fest wird hauptsächlich in Schulen und Kindergärten gefeiert. Ein Mädchen trägt ein weißes Kleid und wird zur Lucia-Braut. Es trägt einen Kranz mit Kerzen auf dem Kopf. Die anderen Kinder halten Kerzen in den Händen und tragen weiße Gewänder. Dann wird getanzt und das Lucia-Lied gesungen. Eigentlich stammt dieses Fest aus Schweden. Während des Zweiten Weltkrieges brachten die deutschen Besatzer diese Tradition nach Dänemark.

12.3 Mittsommernacht

Das Fest der Sommersonnenwende, die sogenannte Mittsommernacht, wird nach alten Traditionen gefeiert. Dieses Fest heißt in Dänemark „Sankt Hans Aften" und findet am 23. Juni statt. Überall auf Wiesen und entlang der Strände werden Feuer entzündet. Oft organisieren einzelne Orte, Vereine und Gemeinden die Feiern zu diesem Brauch. Es gibt Pølser, Bier und Sodavand (nichtalkoholische Getränke wie Cola, Limonade, Wasser). Oft backen die Kinder Stockbrot. Ein Mitglied der Gemeinde hält an der Feuerstelle eine Rede und begrüßt die Zeit des hellen Lichtes. Jetzt beginnt die kraftvolle Zeit, von der früher sogar behauptet wurde, dass sie magisch sei. Nach schwungvollen Reden wird das Feuer angezündet. Dann ertönt das traditionelle Lied „Midsommervise".

In vielen Orten werden noch Lieder über den dänischen Sommer gesungen, wie zum Beispiel „Du danske Sommer", „Nu lyser løv i lunde" oder „Sommer i Danmark". An der Spitze des Holz- und Geästberges ist eine Hexe aus Stroh oder Reisig angebracht. Erreicht das Feuer die Hexe und verbrennt sie, dann gilt das Böse als vertrieben und die Kräfte des Dunkeln haben keine Wirkung mehr. In manchen Gebieten regeln die Gemeinden die Vergabeplätze der Feuerstellen oder legen sie absichtlich auf neutralem Grund. Man sagt, dass der Ort, wo das Feuer angezündet wird, besonders fruchtbar wird. Das hatte zum Anlass, dass sich die Bauern früher Kämpfe geliefert haben, um das Feuer auf ihren Feldern abbrennen zu können.

Ein weiterer, sehr verbreiteter Aberglaube ist, dass die Kräuter, die man in dieser Nacht sammelt, besonders heilsam sind und das ganze Jahr über Gesundheit bescheren. Viele traditionsbewusste Dänen suchen an diesem Tag eine Quelle auf, denn die Kraft der Quellen soll Wunder wirken und sehr kraftvoll sein. Das Pilgern zu den Quellen war früher so beliebt, dass sich Märkte dort herumbildeten.

Lied der Mittsommernacht: „Midsommervise"

Vi elsker vort land,
når den signede jul

tænder stjernen i træet med glans i hvert øje,
når om våren hver fugl
over mark, under strand
lader stemmen til hilsende triller sig bøje:
vi synger din lov over vej, over gade,
vi kranser dit navn, når vor høst er i lade,
men den skønneste krans,
bil´r dog din, sankte Hans!
Den er bunden af sommerens
Hjerter så varme, så glade
Men den …

Vi elsker vort land,
Men ved midsommer mest,
Når hver sky over marken velsignelsen sender,
Når af blomster er flest,
Og når kvæget i spand
Giver rigeligst gave til flittige hænder;
Når ikke vi pløjer og harver og tromler,
Når koen sin middag i kløveren gumler:
Da går ungdom til dans
På dit bud, sankte Hans!
Ret som føllet og lammet,
Der frit over engen sig tumler.
Da går …

Vi elsker vort land,
Og med sværdet i hånd
Skal hver udenvælts fjende beredte os kende.
Men mod ufredens ånd
Over mark, under strand
Vil vi bålet på fædrenes gravhøje tænde:
Hver bz har sin heks, og hvert sogn sine trolde,
Dem vil vi fra livet med glædesblus holde;
Vi vil fred her til lands,

Sankte Hans, sankte Hans!
Den kan vindes,
Hvor hjerterne aldrig bli´r tvivlende kolde
Vi vil …

12.4 Karneval und Fasching: „Fastelavn"

Nach dem langen Winter wartet man geduldig auf die helle Zeit. Erster traditioneller Höhepunkt des Frühjahres ist „Fastelavn". Im ursprünglichen Sinn war „Fastelavn" ein Fruchtbarkeitsfest, das deutsche Krämer nach Dänemark brachten. Die wörtliche Bedeutung stammt ebenfalls aus dem deutschen (wahrscheinlich aus dem plattdeutschen) und bedeutet nichts anderes als der Abend vor dem Fasten. Religiös gesehen soll das Fest Fruchtbarkeit und Kraft verleihen, die den ganzen Sommer über anhalten. Von den alten Bräuchen und der Magie ist leider nichts mehr geblieben. Heute ist Fastelavn ein Fest der Kinder, welches dem amerikanischen Halloween sehr nahe kommt. Die Kinder verkleiden sich und ziehen von Haus zu Haus. Sie rascheln mit einer Blechbüchse und singen folgendes Lied:

Fastelavn er mit navn
Boller vil jeg have,
hvis je gingen boller får
så laver jeg ballade

Früher wurden Blechdosen mit Geld gefüllt, damit die Kinder ein zusätzliches Taschengeld hatten. Dieser Brauch ist nur noch in ganz wenigen Gemeinden zu finden. Heute werden Süßigkeiten verteilt und man versammelt sich, häufig in Schulen und Kindergärten, zum Katzenschlagen. Das „Slå katten af tønden" ist eine der alten Faschingstraditionen, die bis heute sehr großen Anklang findet. Der Brauch hat sich aber etwas verändert. Damals wie heute schlägt man mit Stöcken auf ein aufgehängtes, hölzernes Fass. Früher befand sich in dem Fass eine schwarze Katze, die als Sündenbock für alle Untaten geopfert wurde. Sie wurde zwar nicht umgebracht, aber man jagte sie aus dem Ort. Die Katze musste in jedem Fall schwarz sein, da sie symbolisch für alle dunklen Kräfte stand. Heute befindet sich in dem Fass eine Stoffkatze oder die Katze ist nur noch außen aufgemalt. Das Fass ist prall gefüllt mit Süßigkeiten. Das Kind, welches das letzte Brett abschlägt, gewinnt das Spiel, erhält ein Geschenk und wird natürlich gekrönt.

Auch bei den Erwachsenen gibt es noch Fastelavn-Bräuche, die jedoch hinter verschlossener Türe abgehalten werden. Die Männer bündeln Zweige zu einer Rute und verscheuchen die Frauen damit aus dem Bett. Das soll Fruchtbarkeit und ein gutes Sexualleben für das ganze Jahr garantieren. Bei jungen kinderlosen Paaren ist die Rute oft mit Babyartikeln behangen. Die Frauen backen zu diesem Anlass meistens einen Kuchen für den Mann. Viele Familien beschenken die Kinder mit den Zweigbündeln, dann sind diese allerdings mit Süßigkeiten geschmückt. Bei einigen ist der Aberglaube so groß, dass sie die Zweige mit allen Dingen schmücken, die sie sich das ganze Jahr über erhoffen. Wer zum Beispiel einen Hauskauf plant, der schmückt die Zweige mit Fotos von Häusern und erhofft sich so, dass das Traumhaus schneller gefunden wird.

12.5 Ostern

Schon einige Wochen nach Fastelavn steht das Osterfest vor der Türe. Das Osterfest wird nicht mehr so intensiv gefeiert wie früher. Nach dem langen und dunklen Winter sehnt der Däne sich nach Sonne und Helligkeit. Die Osterferien bieten somit eine willkommene Gelegenheit, um in wärmere Gebiete zu reisen. Dieses Verlangen ist so groß, dass Ostern für viele Dänen nur noch eine untergeordnete Rolle spielt. Andere nutzen die arbeitsfreie Zeit, um den Wohnwagen oder das Sommerhaus auf Vordermann zu bringen. Trotzdem gibt es viele Ostertraditionen, die mal mehr und mal weniger ausgelebt werden.

Der Gründonnerstag ist bereits arbeitsfrei und so wird meist an diesem Tag damit begonnen, das Haus österlich zu schmücken. Dazu werden Narzissen aufgestellt. Auf gar keinen Fall dürfen die kleinen, gelben Osterküken fehlen.

Das typische Behängen der Bäume mit Plastikeiern, das in Deutschland weit verbreitet ist, ist in Dänemark eher unüblich. Das Bemalen von Ostereiern ist selten, genauso wie der Verkauf von gefärbten Eiern.

Der Däne beschenkt sich mit Schokoladen- oder Marzipaneiern, die oft mit kleinen Eiern gefüllt und pompös in Klarsichtfolie eingepackt sind. In der Osterwoche werden zum Frühstück gekochte Eier gegessen. Diese werden dann dekoriert und hin und wieder auch bemalt.

In den Kindergärten wird in der Osterwoche das Eierrollen veranstaltet. Diese Tradition stammt ursprünglich aus Deutschland, obwohl sie dort heute fast unbekannt ist. Bei diesem Spiel lassen die Kinder Eier einen Berg oder Hügel herunterrollen. Der, der das Ei des anderen trifft, hat gewonnen.

Ostereier werden in den Gärten der Nachbarn versteckt. Der Finder muss erraten, wer die Eier dort versteckt haben könnte. Gelingt es dem Finder nicht, die Person auszumachen, wird diese sich outen und der Finder muss ein kleines Fest ausrichten. Ähnlich verhält es sich mit dem „Gækkebrevet", einer sehr weit verbreiteten dänischen Tradition. Bei dem „Gækkebrevet" handelt es sich um einen Brief, der zu Ostern verschickt wird. Der Brief ist phantasievoll gestaltet und wird an Freunde und Familienmitglieder versendet. Er enthält keine Hinweise auf den Absender und der Empfänger muss erraten, wer ihn abgeschickt hat. Das Wort „gæk" bedeutet nichts anderes als „Narr". Findet der Empfänger den Absender nicht heraus, so ist er der Narr. Das gilt natürlich auch umgekehrt: Wenn der Empfänger den Versender errät, ist dieser der Narr. Wer zum Narr erkoren wird, muss selbstverständlich mit Konsequenzen rechnen. Diese können total unterschiedlich sein. Manche schenken dem Gewinner ein Ei oder ein kleines Geschenk. Andere sind schon mit einem Kuss zufrieden. Doch es gibt auch Leute, die den Brauch noch sehr ernst nehmen. Diese verlangen vom Narr, dass er ein Fest ausrichtet.

- Donnerstag vor Karfreitag: „Skærtorsdag"
- Karfreitag: „Langfredag"
- Ostersonntag: „Påskedag"
- Ostermontag: „2. Påskedag"

12.6 Andere Bräuche und Traditionen

In Dänemark ist es üblich, sich zu duzen. Egal, ob Arzt und Patient, Rechtsanwalt und Mandant, Lehrer und Schüler – jeder duzt jeden. Allein die Königin und die Mitglieder des Königshauses werden gesiezt.

In Dänemark werden üblicherweise beim Betreten eines Hauses die Schuhe ausgezogen. Selbst wenn zu einer Feier eingeladen wird, werden die Schuhe ausgezogen. Das kann ganz schön witzig sein, wenn Damen und Herren auf Socken an der Tafel speisen!

Die Dänen sind das Volk der „Danke-Sager". Überall und zu jedem Anlass wird sich bedankt. Die Verkäuferin bedankt sich für den Besuch im Geschäft, auch wenn man gar nichts gekauft hat. Der Kunde bedankt sich im Gegenzug nur für das Anschauen.

Wird man eingeladen, bedankt man sich schon beim Eintreffen dafür. Auch nach dem Essen bedankt man sich erneut und bei der Verabschiedung wieder. Sieht man sich später wieder, so bedankt man sich mehrere Male für den netten Abend.

Man bedankt sich für den Arztbesuch, bedankt sich beim Briefträger, beim Zeitungsboten, beim Kellner oder bei der Kindergärtnerin – „Tak" wird immer und überall gebraucht und geht auch Einwanderern schnell und fließend über die Lippen.

Hier die gängigsten Arten des Bedankens:

Tak for kigget.	Danke für das Anschauen.
Tak for indbydelsen.	Danke für die Einladung.
Tak for spiser.	Danke für das Essen.
Tak for mad.	Danke für die Mahlzeit.
Tak for i aften.	Danke für den Abend.
Tak for sidst.	Danke für das vorherige/letzte Mal.
Tak for hjælpe.	Danke für die Hilfe.

12.7 Feiertage, Wochen und Monate

12.7.1 Feiertage

In Dänemark gibt es eine ganze Reihe Feiertage. Folgende Feiertage sind schul- und arbeitsfrei (Ausnahme: Krankenhäuser, Feuerwehr, Polizei, Flughäfen, Bahn usw.):

Neujahr	Nytårsdag
Gründonnerstag	Skærtorsdag
Karfreitag	Lang-Fredag
Ostersonntag	Påskedag
Ostermontag	2. Påskedag
4. Freitag nach Ostern ist Buß- und Bettag	Stor Bededag
6. Donnerstag nach Ostern Christi Himmelfahrt	Kristi Himmelfartsdag
5. Juni Verfassungstag	Grundlovsdag
Pfingstsonntag	Pinsedag
Pfingstmontag	2. Pinsedag
24. Dezember/Heiligabend	Jule aften
25. Dezember/1. Weihnachtstag	Juledag
26. Dezember/2. Weihnachtstag	2. Juledag
31. Dezember/Silvester	Nytårsaften

12.7.2 Übersetzungen der Wochentage

Montag	mandag
Dienstag	tirsdag
Mittwoch	onsdag
Donnerstag	torsdag
Freitag	fredag
Samstag	lørdag
Sonntag	søndag

12.7.3 Übersetzungen der Monate

Januar	januar
Februar	februar
März	marts
April	april
Mai	maj
Juni	juni
Juli	Juli
August	august
September	september
Oktober	oktober
November	november
Dezember	december

12.8 Gedenktage und Ereignistage

Neben den gesetzlichen Feiertagen gibt es noch eine ganze Reihe weiterer Gedenktage und jährlich wiederkehrender Ereignisse. An manchen dieser Tage gilt eine Feiertagsregelung, die vom Arbeitgeber abhängig ist. Viele Betriebe haben auch eine Arbeiter- und Angestelltenregelung – d. h., dass zum Beispiel am 1. Mai alle Funktionäre (Angestellte) zur Arbeit erscheinen müssen, während alle Arbeiter frei haben. Manche Feiertage sind auch regionsabhängig. Für alle nachfolgenden Feier- und Gedenktage gibt es keine gesetzliche Regelung. Meist erfährt man durch den Arbeitgeber, durch Nachbarn oder öffentliche Mitteilungen, inwieweit diese Tage gestaltet werden.

6. Januar/Heilige Drei Könige	Hellig 3 Konger
2. Februar	Kyndelmisse (Lichtmesse)
5. Februar	Kronprinsesse Mary Dag
Karnevalssonntag	Fastelavn
14. Februar/Valentinstag	Valentinsdag

Palmsonntag	Palmesøndag
20. März	Jævndøgn (Tag- und Nachtgleiche)
9. April Besetzungstag	Danmarks besættelse 1940
16. April/Königinnen-Tag	Dronning Margrethe II Dag
29. April	Prinsesse Benedikte Dag
1. Mai	
5. Mai/Befreiungstag	Danmarks befrielse 1945
5. Mai/Die hellen Nächte beginnen	De lyse nætter begynder
26. Mai	Kronprins Frederik Dag
Pfingstsonntag	Pinsedag
Pfingstmontag	2.Pinseadag
2. Sonntag im Mai/Muttertag	Mors Dag
5. Juni/Vatertag	Fars Dag
7. Juni	Prins Joachim Dag
11. Juni	Prins Henrik Dag
15. Juni	Valdemarsdag
21. Juni/Längster Tag	Længste Dag
23. Juni	Sankt Hans Aften (Mittsommernacht)
24. Juni	Sankt Hans Dag
22. Juli	Prins Felix Dag
7. August/Die langen Nächte schließen.	De lyse nætter slutter.
28. August	Prins Nikolai Dag
22. September	Jævndøgn (Tag- und Nachtgleiche)
15. Oktober	Prins Christian Dag
24. Oktober/Vereinte Nationen Tag	FN-Dag (Forenede Nationer Dag)
11. November Martinstag	Mortensdag
21. Dezember/Kürzester Tag	Korteste Dag

Bei den Schaltjahren wird immer am letzten Sonntag im Februar der „Skuddag" (Schalttag) gefeiert.

13. Kapitel:

EINBÜRGERUNG

Die Annahme der dänischen Staatsbürgerschaft ist kompliziert. Der Rechtsradikalismus macht leider auch vor Dänemark nicht halt. Die dänische Regierung wird durch die rechtspopulistische Dänische Volkspartei gestützt. In Zukunft sollen die Einbürgerungsgesetze viel strenger werden. Über die genauen Vorstellungen und Änderungen wird im dänischen Parlament seit Jahren heftig diskutiert.

Hier die wichtigsten Regeln für eine Einbürgerung und den Erhalt der dänischen Staatsbürgerschaft:

- ein ständiger Aufenthalt in Dänemark, seit mindestens 9 Jahren,
- eine dauerhafte und uneingeschränkte Aufenthaltsgenehmigung,
- keinerlei Vorstrafen von mehr als zwei Jahren Freiheitsstrafe,
- keine Staatsschulden oder Vergleichbares größer als 50.000 DKK,
- ein Sprachtest auf dem Niveau der Abschlussprüfung der 9. Klasse
- und ein Test über die dänische Gesellschaft, Kultur und Geschichte.

Momentan wird eine Bearbeitungsgebühr in Höhe von ca. 150 Euro erhoben. Der Betrag wird nicht zurückerstattet, falls der Antrag abgelehnt wird. Wer die dänische Staatsbürgerschaft annimmt, verliert automatisch die deutsche!

ÜBER DIE AUTORIN

Carina Tietz wurde 1969 in der Nähe von Aachen geboren.

Im Jahre 2007 wanderte sie gemeinsam mit ihrem Mann und ihren beiden Kindern nach Nordjütland aus.

Heute lebt die Redakteurin in einer kleinen Gemeinde am Limfjord. Sie arbeitet als freie Journalistin und Buchautorin. Mit einem dänischen Kollegen betreibt sie ein Presse- und Marketingbüro. Zusätzlich betreut sie deutsche Kunden und Wirtschaftsdelegationen in Dänemark und kümmert sich um die Neukundengewinnung dänischer Unternehmen in Deutschland.

INDEX